生協ハンドブック

2016年6月改訂版

日本生活協同組合連合会 編著

日本生活協同組合連合会

はじめに

日本生活協同組合連合会（日本生協連）発行の『生協ハンドブック』の初版本は１９６４年に発刊され、以降、改訂を重ねて50年以上の歴史を刻んできました。この度、２００９年４月以来、７年振りの改訂を行いました。

２０１５年度、全国の生協組合員は２８２８万人、総事業高は３兆４２３０億円の見込みです。２００８年に２５００万人を突破した生協組合員は、７年間で約３００万人増え、総事業高も２００８年以来の３兆４０００億円超の実績見込みとなりました。地域生協の月利用高が１１０００円台で伸び悩んではいますが、総じて生協の組合員の生活への貢献は、広がってきていると言えるでしょう。

２０１０年代も組合員のくらしや生協をめぐる状況に、大きな変化がありました。最も大きな出来事は、やはり２０１１年３月11日に発生した、東日本大震災でしょう。生協では、発災直後からの人員・物的支援、被災者宅や避難所へのお見舞い訪問、募金、被災地産の食材を店舗や宅配で取り扱う事業を通じた支援、被災者に寄り添うサロンの実施、被災地視察ツアーなどさまざまな活動を行い、現在も継続しています。

この未曾有の大災害は、「人と人との助け合い」、「地域でのつながり」といった人間が生きていく上で大切にすべきことを、あらためて考えるきっかけともなり、以後の生協と他団体などが連携して取り組む、「地域のネットワークづくり」へとつながっています。

東日本大震災発生から3カ月後の2011年6月、日本生協連の通常総会において「日本の生協の2020年ビジョン」が承認されました。ビジョンは発災前の2009年6月に、「2020年ビジョン策定検討委員会」（日本生協連理事会の下の専門委員会）が設置され、約2年間にわたり、多くの生協職員・組合員の参加を得て策定されたものです。東日本大震災発生以後の生協の取り組みを振り返りますと、ビジョンで示されたアクションプランの一つ「地域社会づくりへの参加」などは、ビジョンで掲げた方向性が正しかったことを証明しました。

そして2012年は、国連が2009年の総会で宣言した国際協同組合年（IYC）で、世界で、また各々の国において、協同組合の価値があらためて見直されました。その成果を踏まえ、同年10月の国際協同組合連盟（ＩＣＡ）の臨時総会で「協同組合の10年に向けたブループリント」が公表されました。

今回の改訂では、これらのトピックスに加え、ＣＯ・ＯＰ商品のブランド刷新、明るい兆しが見えてきた店舗事業、２０１３年末に発生したＣＯ・ＯＰ商品の製造委託先による「冷凍食品農薬混入事件」後の商品に関するお申し出に対する、全国の生協と日本生協連のさらなる連携強化・標準管理システムの展開、２０１６年春にまとまったばかりの「男女共同参画促進に関する今後の方向性と課題」、全市区町村の半数以上と締結した「見守り協定」についてなど、最新の情報を盛り込みました。

本書が、生協関係者、お取引先、あるいは生協に関心をお寄せいただいている多くの皆さまにお読みいただければ幸いです。

２０１６年６月

日本生活協同組合連合会　専務理事　和田寿昭

目次

第2章　生協の事業

第3章　生協の社会的役割発揮

第4章　生協の運営の基本

表紙デザイン　タクトデザイン事務所

第1章

協同組合・生協とは

1．協同組合とは

生協とは、正式には「消費生活協同組合」のことで、協同組合の一つです。協同組合には、生協以外にも農業協同組合、漁業協同組合、森林組合、事業協同組合、金融機関である信用組合・信用金庫・労働金庫、ワーカーズ・コープなどがありますが、これらは生協も含めて協同組合という共通した性格を持っています。では、協同組合はどのように定義されているのでしょうか。

協同組合は日本国内だけでなく、世界中に存在します。そうした世界各国の協同組合が加盟している国際協同組合同盟（ＩＣＡ＝International Co-operative Alliance）という国際組織が、世界各国の協同組合に共通する「定義・価値・原則」を定めています（ＩＣＡについては、第5章に詳細を記述しています）。

協同組合の定義

協同組合は、共同で所有し民主的に管理する事業体を通じ、共通の経済的・社会的・文化的なニーズと願いを満たすために自発的に手を結んだ人びとの自治的な組織である。

この定義は、「共通のニーズと願い」を自らの事業を通して実現するという、協同組合と一般の社会運動との大きな違いを簡潔に表しています。さらに、その事業が共同所有であると述べるとともに、民主的に管理されなければならない点を強調しているところも特徴的です。「文化的なニーズ」は、日本生活協同組合連合会（日本生協連）が積極的に主張して加えられたものです。ここには、人間らしい心豊かなくらしへのニーズが表現されています。「自発的に手を結んだ人びとの自治的な組織」という表現には、協同組合の自発性と独立性が表現されています。協同組合はあくまでも組合員の自発的な意思による組織で、加入が強制されたりしてはなりません。また自治的な組織ですから、政府や企業など他の組織から独立していなければなりませんし、組合員の資格についても自由に決定できなければなりません。

協同組合の価値

協同組合は、自助、自己責任、民主主義、平等、公正、そして連帯の価値を基礎とする。それぞれの創設者の伝統を受け継ぎ、協同組合の組合員は、正直、公開、社会的責任、そして他人への配慮という倫理的価値を信条とする。

ここで述べられている価値は、人類が築き上げてきた共通の普遍的な価値の中で、世界の協同組合が特に重視すべき価値をまとめたもので、協同組合原則のバックボーンとなっています。

「倫理的価値」は、協同組合として、また組合員として行動するときの倫理基準です。

提供する商品やサービスの品質や価格や表示について正直な対応に徹し、法令を遵守した民主的な機関運営の徹底、環境保全をはじめとする社会的責任経営の確立、地域のくらしの安全を実現する社会の仕組みやネットワーク形成など、「協同組合の価値」に基づく事業・活動は、生協が自らの倫理的姿勢を律するよりどころであり、具体的な行動指針となっています。

協同組合の原則

協同組合原則は、協同組合がその価値を実践に移すための指針である。

第一原則　自発的で開かれた組合員制

協同組合は、自発的な組織である。協同組合は、性別による、あるいは社会的・人種的・政治的・宗教的な差別を行なわない。協同組合は、そのサービスを利用することができ、組合員としての責任を受け入れる意志のある全ての人びとに対して開かれている。

まず「自発的な組織」という協同組合の基本的性格を明らかにしています。その上で、メンバーシップが一部の人たちのみの閉ざされたものであってはならない、あらゆる差別があってはならないとしています。さらに、協同組合の事業を利用できるという権利を前提にして、「組合員としての責任」について言及していますが、これは必要に応じた出資金の拠出、投票権の行使、会議への参加などを指しています。

第二原則　組合員による民主的管理

協同組合は、その組合員により管理される民主的な組織である。組合員はその政策決定、意志決定に積極的に参加する。選出された代表として活動する男女は、組合員に責任を負う。単位協同組合では、組合員は（一人一票という）平等の議決権をもっている。他の段階の協同組合も、民主的方法によって組織される。

協同組合が、組合員により民主的に管理された組織であり、政策形成や重要事項の決定に組合員が参加する権利があるとしています。日常的には組合員から選ばれた役員が組織を管理しますが、協同組合はあくまで組合員のものであり、役員は組合員に責任を負うことになります。さらに、単位協同組合での1人1票の原則について触れており、事業連合・都道府県連・全国連などの第2次、第3次レベルの協同組合における議決権については、より柔軟な運用ができるように配慮しています。

第三原則　組合員の経済的参加

組合員は、協同組合の資本に公正に拠出し、それを民主的に管理する。その資本の少なくとも一部は、通常、協同組合の共同の財産とする。組合員は、組合員として払い込んだ出資金に対して、配当がある場合でも、通常、制限された率で受け取る。組合員は、剰余金を次の目的のいずれか、または全てのために配分する。

・準備金を積み立てることにより、協同組合の発展のため
　その準備金の少なくとも一部は分割不可能なものとする
・協同組合の利用高に応じた組合員への還元のため
・組合員の承認により他の活動を支援するため

まず大切なのは、全ての組合員がなるべく平等に出資を行うべきで、一部の人が多額の出資をするのは、望ましくないということです。出資配当の率の制限は、出資金が投機的なものとなることを防ぐためです。そして、最後は剰余金処分に関するルールですが、出資配当金を支払った後に剰余金が出た場合には、（a）内部留保、（b）利用高割戻し、（c）他の活動の支

援、という目的で生かすべきだとしています。

第四原則　自治と自立
協同組合は、組合員が管理する自治的な自助組織である。協同組合は、政府を含む他の組織と取り決めを行なったり、外部から資本を調達する際には、組合員による民主的管理を保証し、協同組合の自主性を保持する条件において行なう。

協同組合は、自らのことは自らの責任で決める自治的な組織であることを述べています。また協同組合が、政府、政党、企業などあらゆる組織から自立していなければならず、外部との取り決めや外部からの資本調達の際でも、決して従属した関係にならないようにすべきことを明らかにしています。

第五原則　教育、訓練および広報
協同組合は、組合員、選出された代表、マネジャー、職員がその発展に効果的に貢献できる

ように、教育訓練を実施する。協同組合は、一般の人びと、特に若い人びとやオピニオンリーダーに、協同組合運動の特質と利点について知らせる。

協同組合内部における教育の重要性について述べています。人と人との結びつきが基本である協同組合にとって、最も大切な財産は人であり、人がその力を発揮するためには教育は必要不可欠です。とりわけ、協同組合に関わる人びとが協同組合の理念と活動の豊かさについて、理解を深めることが大切です。

さらに、社会的な広報の重要性について指摘しています。協同組合が未来において、より大きな社会的役割を果たす上では、社会の将来を担う若い人びとや、現在の社会で中心的な役割を担う政治・行政・メディア・教育などの分野のオピニオンリーダーに、協同組合に対する理解と共感を持ってもらうことが必要です。

第六原則　協同組合間協同

協同組合は、ローカル、ナショナル、リージョナル、インターナショナルな組織を通じて協

同することにより、組合員に最も効果的にサービスを提供し、協同組合運動を強化する。

協同組合が力を発揮するためには、生協間の、あるいは他の協同組合との連帯が必要です。この原則は、そうした連帯が、ローカル（国内の各地域）、ナショナル（国全体）、リージョナル（世界の各地域）、インターナショナル（世界全体）の、さまざまなレベルで展開されることが必要であると指摘しています。

例えば日本では、生協間の事業連帯が各地で進められ、生協と農協や漁協との産直事業による提携も幅広く取り組まれています。協同組合の全国的な連帯組織としては、１９５６年に国内のＩＣＡ加盟組織を中心に日本協同組合連絡協議会（ＪＪＣ）が設立され、生協、農協、漁協、森林組合など14団体（２０１６年2月現在）が参加して、国際協同組合デー＊の取り組みなど、国内外での協同組合間の相互協力に取り組んでいます。さらに、国連が定めた２０１２年の国際協同組合年（ＩＹＣ）をきっかけに、協同組合間の協同の取り組みが全国各地で大きく前進し、信用金庫・信用組合・中小企業等協同組合など、ＩＣＡに加盟していない協同組合とのネットワークも広がりました。

第七原則　コミュニティへの関与

協同組合は、組合員によって承認された政策を通じて、コミュニティの持続可能な発展のために活動する。

協同組合は組合員のための組織ですが、その活動には、取引先・行政・地域社会など、さまざまな人や組織が関わっています。とりわけ組合員の生活は、地域と強い関わりがあり、協同組合の取り組みもそれぞれが属する地域社会と密接に結びついています。この原則は、そうした意味から、組合員の承認の下にコミュニティに対して積極的に関与すべきと述べています。

生協も、店舗・宅配・共済・福祉などの事業活動と、地域に根差した多様な社会的活動を通じて、組合員のくらしと地域社会に役立つ、なくてはならない存在となることを目指しています。２０１１年の東日本大震災で被災した地域のコミュニティ再生に向けた活動は、まさにそうした可能性を広げる取り組みとして継続されています。

＊国際協同組合デー　全世界の協同組合員が心を一つにして協同組合運動の発展を祝い、平和とより良い生活を築くために運動の前進を誓い合う日。1923年にICAが毎年7月第1土曜日と定めた。

2. 生活の協同組合

ここからは、生協について述べていきます。生協は、消費者がくらしの全般にわたって協同の輪を広げ、くらしをより良くしていくことを目的とした、「生活の協同」を進める非営利の組織です。生協は「コープ（CO・OP）」という略称で呼ばれることもありますが、これは「協同組合」を表す英語のコーペラティブ（Co-operative）に由来します。

日本の生協は全て、消費生活協同組合法（生協法）に基づいて設立・運営されており、生協の設立認可は、本部所在地の都道府県または厚生労働省が行っています。

生協法は1948年に制定され、2007年には今日の生協の社会的役割を踏まえた大幅な改正が行われました。

生協法の第1条は、法律の目的を次のように定めています。

「この法律は、国民の自発的な生活協同組織の発達を図り、もつて国民生活の安定と生活文化の向上を期することを目的とする。」

この条文から、生協という組織の性格について、いくつか読み取ることができます。

一つは、生協は「自発的に参加する組織」だということです。生協は、他から強制されるのではなく、人びとが自らの意思に基づいて参加する組織です。生協の事業や活動に参加するにあたっては、まず出資金を出し合って、その生協のメンバー（組合員）になることから始まります。地域における生協の場合、一定の地域内に住んでいることや、職域における生協の場合、一定の職域内で働いていることなど、生協法の定める条件を満たしていれば、生協に入りたいと望む人の加入を拒むことはできません。逆に、やめたいという人の脱退を拒むこともできません。また、いかなる組織、団体からも自立した組織です。生協は自発的な意思に基づく「開かれたメンバーシップの組織」なのです。

もう一つは、生協は「生活の協同」の組織だということです。私たちは、日々のくらしの中で、さまざまな商品を買ったり、サービスを利用したりします。また、くらしを豊かにするために健康づくりや文化、スポーツ、ボランティアなどの活動を行うこともあります。こうした日々のくらしの全般にわたって、思いを寄せ合い、力を合わせて、みんなでくらしをより良いものにしていくこと、それが「生活の協同」です。生協が進める「生活の協同」は、さまざまな商品の供給やサービスの提供を協同の事業として取り組むことに特徴があります。

事業を行うためには、店舗や配送センターなどの施設や土地を所有したり、借りたり、商品を仕入れたり、職員を雇用したりする必要があります。このように財産を所有したり、契約を通じて他人と法律上の権利義務関係を結んだりすることができる資格を「権利能力」といいます。人間は誰でも権利能力を持っていますが、法律上、人間と同じように権利能力を認められた組織体を、法人といいます。法人の代表的なものとしては株式会社がありますが、それ以外にも各種の法人があります。生協法の第4条では、「消費生活協同組合及び消費生活協同組合連合会は、法人とする」と定めています。

これらのことから、生協は「自発的な意思に基づき、開かれたメンバーシップで生活の協同を進める法人である」と言えます。

3．株式会社と生協の違い

生協の事業や組織の特徴を明らかにするために、最も一般的な法人である株式会社と比べてみましょう。

株式会社では方針を決めるのは株主総会です。株主総会の議決権は「1株につき1票」であり、株式、つまり資本を多く持っている株主の意向が方針決定に大きく影響します。また、株式は市場で取引され、お金があれば誰でも株主になれます。これに対して、生協では方針を決めるのは総（代）会です。総（代）会では出資金の多少にかかわらず、組合員が「1人につき1票」の議決権を持ちます。資本によって形成されている株式会社と人（組合員）によって構成される生協との、本質的な違いはここにあります。さらに株式会社では、株主はその会社の顧客である必要はなく、一部の大株主以外は会社経営にも直接参加しません。それに対して生協では、組合員は生協に出資し、生協を利用し、生協の運営に参加するという、不可分な三つの性格を併せ持っています。この性格は生協に限らず、協同組合に共通のものです。

株式会社と生活協同組合の違い

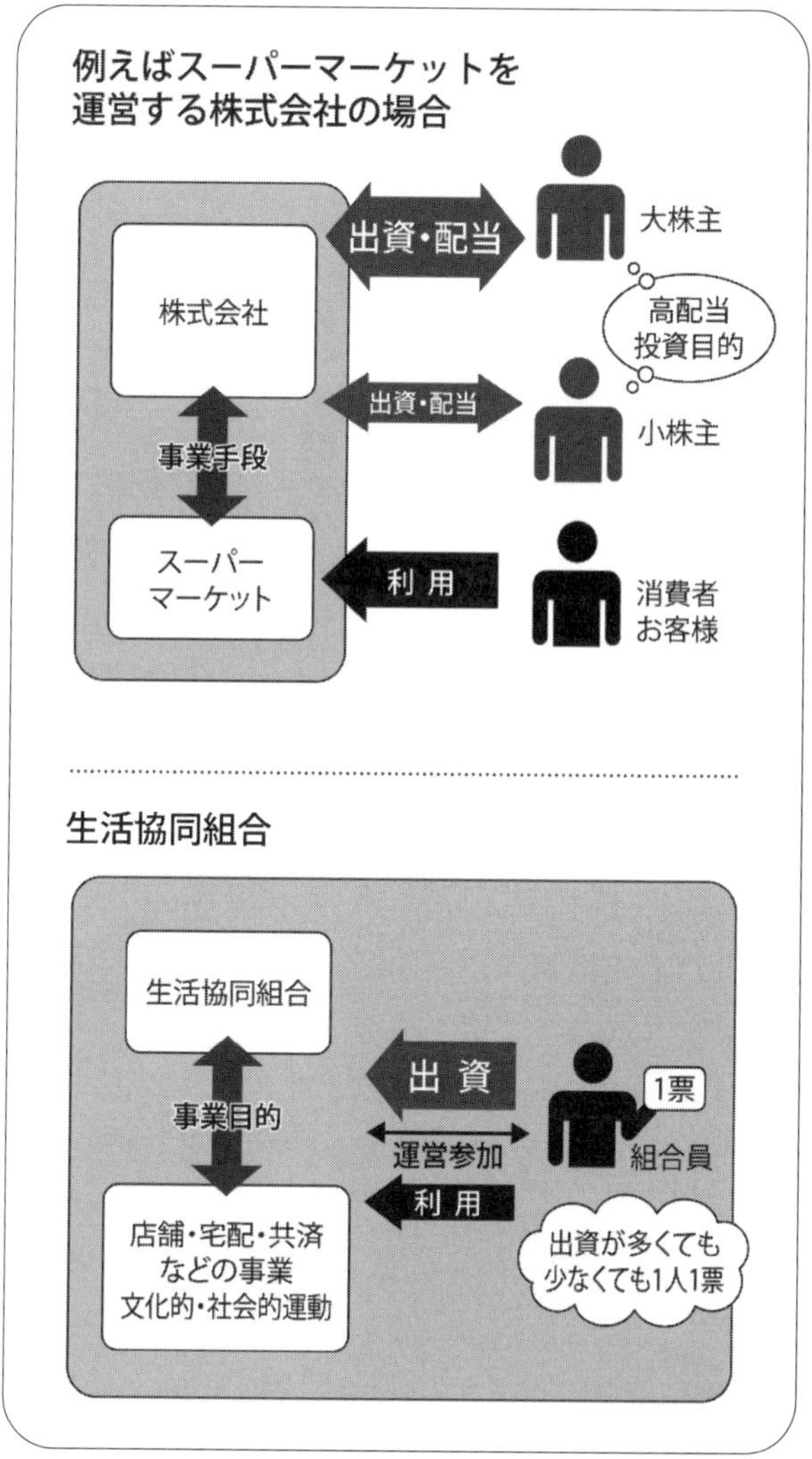

出典：日本生協連通信教育「生協入門コース」(第1単元)P.5

剰余（利益）の位置付けにも違いがあります。株式会社では事業活動の結果である利益が会社としての評価を決定し、株主への配当や株価が企業価値を決めます。これに対して生協では、剰余金は法定準備金や将来に備えた積み立てを行った後、総（代）会での承認を受けて、組合員に対する利用高割戻しや出資配当が行われます。出資配当は、年１割を超えてはならないと制限されています。

このように、株式会社と生協では、似たような事業を行っている場合でも、方針の決定の仕方や事業の進め方、組織のあり方が異なっています。とはいえ、生協は基本的に事業収入で採算を取り、事業を継続・発展させていくことが必要な組織です。

生協ではかつて、ともすればその理念を強調するだけで、実際の事業における経営的な不十分さに目をふさぐ傾向や、継続的に事業を行うために一定の剰余を生み出す経営努力の必要性への認識不足などがありました。１９９０年代の経営不振生協の発生や事業環境の変化を受けて、これらの弱点を克服するために、全国の生協で事業・経営構造改革の取り組みが行われてきました。

近年は株式会社においても、社会的責任経営の取り組みが進み、会社を単に利益を目的とした株主の所有物として見るだけでなく、株主・顧客・従業員・取引先・地域社会など、多様なステークホルダー（利害関係者）とつながる社会的な存在として位置付け、社会に開かれた経営が行われています。生協がさらに社会的になくてはならない存在となるためには、こうした株式会社の真摯な努力にも謙虚に学ぶことが大切です。

4．生協が果たす役割

生協の事業・活動の目的は、組合員のくらしの向上にありますが、社会的な存在として生協を見た場合、どのような役割を果たすべきでしょうか。

経済的役割と社会的役割

一つは、消費者が運営する事業体であるという経済的役割です。生協は組合員のさまざまなニーズを、事業を通して実現していく非営利組織です。２０１４年度の全国の生協の事業高を合計すると年間3兆３０００億円を超え、日本の大手小売業各社に匹敵する規模を持った事業体です。事業の中心は食品や家庭用品などの購買（商品供給）事業ですが、それ以外にも共済・福祉・医療・住宅・旅行・葬祭など、生協は利用者である組合員の願いに基づき、普段のくらしを支える幅広い商品とサービスを提供しています。そうした意味で、社会的に非常にユニークな性格を持った経済組織であり、その特徴を生かした経済的役割を発揮していくことが求められています。

もう一つは、多数の消費者が参加する運動体としての社会的役割です。生協は全国で約2800万人が参加する日本最大の消費者組織であり、多様な取り組みを通して、新しい社会システムの提案と定着を進めています。

例えば、防災や環境保全の取り組みや助け合いのボランティア活動など組合員の自主的な取り組みを通じて、安心して暮らせる地域社会づくりに貢献しています。また、食品の安全を求める取り組み、消費者被害を防止し消費者の権利を守る取り組み、「たべる、たいせつ」をキーワードにした食育の取り組み、核兵器・戦争のない平和な社会を目指すピースアクションの取り組みなど、社会全体に関わる問題について、消費者の立場から積極的に発言を行い、世論形成や社会的なシステムづくりに参加してきています。

特に、生協は「食」の分野を中心に事業と活動を行ってきました。「食」は普段のくらしの中で最も重要な分野ですが、国際化や消費者の嗜好《しこう》の多様化により、原材料の生産、調達、加工から販売、食卓までの一連の流れである「フードチェーン」が世界的に広がり、消費者から食品生産・加工などの現場は見えにくいものとなっています。

他にも、世界の人口増加の中で安定的な食料確保をどのようにしていくか、食の情報があふれる中でリスクコミュニケーション*をどう進めるのかなど、さまざまな課題があります。

このような問題について、消費者の願いを自らの事業を通じて、あるいは活動の中で具体化することに努めるとともに、目指すべき方向について社会的にアピールしていくことも、生協の大きな役割です。

*リスクコミュニケーション　リスクについて関係者の間で正確な情報を共有し、意思疎通を図って合意する取り組み。

地域コミュニティ形成に貢献する役割

生協がこれから果たしていかなくてはならない重要な役割としては、地域コミュニティの活性化や再生の役割が挙げられます。これは「協同組合原則」の7番目でも提起されています（P・26参照）。少子高齢・人口減少社会における新たなニーズに応えていこうと、事業を基盤にした「高齢者の見守り活動」や「子ども110番」、店舗での食育活動、くらしの助け合いやふれあい食事会、消費者被害を防止する活動、自然災害の被災者・被災地を支援する活動など、地域全体を見渡したさまざまな取り組みが行われています。

5．生協の種類

地域生協

宅配や店舗の事業を通じて、商品やサービスを組合員に提供する、基本は都道府県単位を活動の場とした生協です（県域を越えて事業を行っている生協もあります）。多くの生協では、共済事業や福祉事業も行っています。

職場職域生協

職場を活動の場とする生協です。職場内で店舗（売店）や食堂を運営したり、職場単位で共同購入を展開するなどの事業を行っています。

居住地職域生協

地域生協的な要素と職域生協的な要素とを併せ持つ生協です。職場に基盤を置きつつ、当該職域の付近において店舗や宅配などの事業を展開するケースが典型例です。

学校生協

職場職域生協のうち、学校の教職員を組合員としている生協です。学校は都道府県内に点在していますので、職域生協ながら地域生協的側面を持ちます。班による共同購入が主ですが、教職員の信用力を生かして、指定した店で組合員価格で買い物ができる指定店制度や、学校現場に商品を持って訪問する巡回なども行っています。また、週単位で商品を届ける本格的な宅配事業を行っている生協もあります。

大学生協

大学の学生や教職員を組合員とする職域生協です。勉学・研究に必要な書籍や情報機器などの供給、日常必要な食品、食堂、旅行、共済などの事業を行っています。生協法に基づいた最初の生協は大学生協で、生協運動の歴史を支えてきた生協といえます。

住宅生協

住宅の販売・斡旋《あっせん》を主として行う地域生協です。人が一生に1度か2度しか購入しない高額なものを扱いますので、地域生協とは別の形で発展してきました。現在では、住宅は庶民の手の届くものとなり、多くの住宅関連の事業者がいます。このため、住宅や宅地の販売・賃貸・斡旋だけでなく、内装工事、リフォームなどの事業も展開しています。

医療福祉生協

医療・福祉事業を行う地域生協です。組合員を中心に地域に根差した医療・福祉事業と健康づくり活動などを展開しています。病院・診療所、介護事業所などでの医療・福祉事業のほか、グループ・ホームやサービス付き高齢者住宅など居住系のサービス提供も行っています。公的資金からの収入が大半を占める事業の性格上、出資配当は禁止されています。

共済生協

共済を主な事業とする生協で、職域生協の場合もあれば、地域生協の場合もあります。傷病時補償共済、生命共済、自賠責共済などさまざまな共済商品を扱っています。

その他

以上の他、映画館を運営する生協や、組合員への生活相談や生活資金の貸し付けを行う信用生協など、さまざまな生協があります。

【コラム】――医療福祉生協連の誕生

２０１０年7月、日本生協連に加入していた医療・福祉事業を主要な事業とする１１５の生協と日本生協連の参加で、新しく医療福祉生協の連合会、日本医療福祉生活協同組合連合会（医療福祉生協連）が誕生しました。

医療福祉生協は、地域の人びとがそれぞれの健康と医療とくらしに関わる問題を持ち寄り、組織をつくり医療機関や介護事業所を持ち、そこで働く役職員、医師・看護師・介護福祉士をはじめとした医療福祉専門家の協力によって、健康や福祉の問題を解決し地域医療保健活動を進める、住民の自主的な組織です。

２０１４年度は１０９の医療福祉生協が医療福祉生協連に加盟しており、全国で病院76・診療所３４４（歯科70を含む）・訪問看護ステーション１９８、介護老人保健施設25などの医療施設やヘルパーステーションなどの介護施設を運営し、２８８万人の組合員が加入しています。

医療福祉生協は設立当初から、保健予防・健康づくり活動を組合員活動の中心に据え

「地域まるごと健康づくり」に取り組んできました。近年は「医療福祉生協の地域包括ケア」を目指し、住み慣れたまちで暮らし続けられるまちづくりに努力しています。

医療・福祉事業では、医療福祉生協の診療所の多くが24時間往診対応可能な体制を整え、訪問看護ステーションなどの連携はもちろん、近隣の病院・診療所・介護系事業所、行政との連携を重視し在宅療養を支えています。

組合員活動では、地域の健康づくりに貢献することを目指したリーダーの育成をしています。体の仕組みから健康な生活習慣まで幅広く学ぶ場として、「保健大学」を実施し、医療専門職を講師に体系的なプログラムに沿って学びます。毎年全国で延べ２００回程度開催し、修了者はおよそ２５００人に上ります。まちかどでの「健康チェック」のほか、自治体の後援や協賛を得て自ら目標設定して健康づくりに取り組む「健康チャレンジ」を普及し、地域住民の健康への関心を広める活動をしています。２０１５年度からは減塩の推進を提起し、１日塩分６g未満を目標に「少しの塩分」で「すこやかな生活」を目指す「すこしお®生活」に取り組んでいます。

医療・福祉の事業は、生協が大切にしている「人と人とのつながり」を最大限に生かし切ることができる分野の一つです。組合員と地域住民のくらしといのちを守る仕組みとして、生協の特性を生かしながら、「健康をつくる、平和をつくる」という医療福祉生協の理念の実現に向け、「医療福祉生協のいのちの章典」（２０１３年）を行動の規範として事業と活動を進めています。

6．さまざまな協同組合

これまで見てきた生協以外にも、日本には設立の根拠となる法律が異なる、さまざまな協同組合があります。代表的な協同組合について見てみましょう。

農業協同組合

農業協同組合は、農業協同組合法に基づいて設立し運営されている、農業者（農民または農業を営む法人）を中心とする協同組合です。事業の内容は、組合員の生産した農産物の販売、組合員に対する農機具や肥料、日常生活用の物品の供給、農業に関する技術や経営向上のための教育・指導といった経済事業、預金の受け入れや資金の貸し付けを中心とする信用事業、共済事業、医療事業、エネルギー供給事業などです。

農業協同組合の組合員資格には、正組合員（農業者）と准組合員があり、農業者でない人でも加入し出資金を払い込めば、制限はありますが、准組合員として事業を利用することができます。また、生協とは異なり、組合員利用の5分の１（２割）まで組合員でない人の利用（員外利用）が認められています。

漁業協同組合

漁業協同組合は、水産業協同組合法に基づいて設立し運営されている、漁業従事者、漁業を営む中小の法人を構成員とする協同組合です。事業の内容は、組合員の漁獲物や生産物の販売、組合員に対する漁業用具や日常生活用品の供給、組合員の遭難防止や救済に関する施設の設置、漁業に関する技術や経営向上のための教育・指導、預金の受け入れや資金の貸し付けを中心とする信用事業、共済事業などです。

森林組合

森林組合は、森林組合法に基づいて設立し運営されている、森林所有者、林業経営者、林業従事者を組合員とする協同組合です。組合員の林業経営に役立つための事業を行ったり、組合員の委託を受けて直接林業経営を行ったりしています。事業の内容は、森林経営に関する指導、病害虫の駆除など森林の保護に関する事業、組合員の生産した木材などの販売、林業に必要な物品の供給、資金の貸し付けなどです。

事業協同組合

事業協同組合は、中小企業等協同組合法に基づいて設立し運営されている、中小事業者を組合員とする協同組合です。事業の内容は、組合員の業種によって異なりますが、生産、加工、販売、購買など組合員の事業に関する共同施設の設置、組合員の事業経営や技術改善のための教育・指導、組合員の福利厚生を図るための施設の設置、事業資金の貸し付けなどです。

その他の協同組合

金融機関である信用組合・信用金庫・労働金庫なども、それぞれ根拠法は異なりますが協同組合です。その他に、農事組合法人、水産加工組合、企業組合などさまざまな協同組合があります。

労働者協同組合（ワーカーズ・コープ）

労働者協同組合は、労働者を組合員とする組織で、組合員が資金を出し合って働く場を自ら創出するための組織です。労働者の共同経営による事業を行うための組織といってもよいでしょう。この組織については、まだ設立・運営の根拠となる法律がなく、立法化を目指す取り組みが行われています。

【コラム】――59年ぶりの生協法改正

生協法は２００７年の通常国会で改正案が可決され、１９４８年の法律制定以来59年ぶりの抜本的な改正が実現しました。

戦後間もなく制定された生協法は、制定当時の実態を反映して、町内会単位の零細な規模の組織を想定していたなど、生協の到達点や期待される役割とのギャップが大きくなっていました。

２００６年7月、厚生労働省社会・援護局長の下に「生協制度見直し検討会」が設置され、12月に「生協制度の見直しについて」の報告が行われました。

この報告に沿った内容で、生協法改正法案が２００７年3月、国会に提出されました。国会審議の過程では、各党の議員から生協の社会的役割の発揮や今後の活動に期待する発言が多数あり、厚生労働大臣から「その活動は国民生活の向上に大きな貢献をしてきた」「これからの生協は相互扶助組織として大いに期待される」などの積極的な答弁もありました。衆参両院のいずれにおいても全会一致で法案が可決され、59年ぶりの法律改正が実現し、2008年4月1日に改正生協法が施行されました。

今回の法改正は、消費者のくらしの変化や生協の今日的な到達点と生協への社会的要請の高まりを踏まえて行われました。組織運営面では、理事会権限の明確化などによるガバナンス*の強化や、外部からの監視機能の強化が図られました。事業面では、懸案であった隣接都道府県までの区域の設定が可能になり、員外利用規制許可を要しない事業が法令上明記されるなど、規制の緩和が実現しました。また、医療・福祉事業が生協の事業として法文上に明記されました。共済事業では、経営の健全性や透明性の確保、契約者保護の整備などが進められました。

*ガバナンス　組織や社会を構成するメンバーが、自ら主体的に意思決定や合意形成を行う仕組み。統治。

第2章

生協の事業

1．生協の事業の種類と概況

生協は組合員の普段のくらしに役立つ、さまざまな事業を行っていますが、その中心は食品を中心とした商品を組合員に提供（供給）する購買事業です。購買事業は、主に店舗事業と宅配事業に大別されます。

購買事業以外にも、CO・OP共済などの共済事業や、介護保険事業を中心とした福祉事業にも取り組んでいます。さらに、冠婚葬祭・旅行・チケット販売などくらしと結びついた各種のサービス事業を行っている生協も多くあります。

その他にも、医療福祉生協による医療や保健などの事業、共済生協の火災共済や生命共済といった共済事業、住宅生協の住宅や宅地の分譲や賃貸、リフォームなどの事業があります。

全国の生協の総事業高は、3兆3651億円（2014年度・558生協のデータ）で、地域生協の総事業高は、2兆7041億円（同・131生協）です。

以下、この章では生協の事業の多くを占める、地域生協の事業を中心に見ていきます。

2．宅配事業

班による共同購入の発展

２０１４年度の地域生協の供給高は、店舗事業の８７３５億円に対し、宅配事業は１兆６９６７億円と、宅配事業のウエイトが高くなっています。この宅配事業の歴史の中で牽引《けんいん》役を果たしてきたのが、班による共同購入です。

組合員の自宅に直接商品を届ける形態の事業としては、戦前に設立された生協による〝御用聞き〟制度がありました。高度経済成長に伴う労働力不足やスーパーマーケットの台頭があり、生協では新しい商品供給の方法を模索していました。山形県の鶴岡生協（現・生協共立社）が１９５６年から「班」の組織づくりを始め、それを多くの生協が採用していきました。この「予約購入」、「計画購入」が組合員自身による生協の班づくりの取り組みと結びつき、班による共同購入は１９７０年代から急速に拡大し、生協の事業の大きな柱の一つに成長しました。

生協の共同購入は限定された品揃えながら、その商品について「安全・安心」を明確に主張しました。組合員の視点で開発されたコープ商品や産直商品を前面に押し出して、団塊の世代を中心に支持され、店舗を持たずに共同購入のみを行う生協が全国各地に誕生しました。

１９８０年代には、班単位で週１回の配達を行う物流システムによる効率向上に加えて、ＯＣＲ（光学文字読み取り装置）による注文、代金の自動引き落としの導入が行われました。また、班別集品のためのピッキングシステムの開発、冷凍・冷蔵での一貫した配送管理などの業務システムの改善も次々に行われ、生鮮や日配などの取扱商品の拡大と品質管理の向上も進み、組合員の普段のくらしを支える事業として大きく成長しました。

共同購入は、班単位でまとめて商品を注文し、配達を受け、みんなで分け合うというのが基本の仕組みです。１９６４年の日本生協連（当時の略称は「日協連」）の総会で「生協の運動上の基礎組織」として位置付けられた班は、共同購入の成長とともに全国で飛躍的に普及し、各地の生協での機関運営や組合員活動の基礎組織でもありました。また、組合員どうしが商品を通じてつながり、自分たちのくらしなどに関する意見を交換し学び合う、コミュニケーションの場でもありました。班を基礎にした共同購入は、事業と運営が結びついた類のない形態として、世界の協同組合からも注目を集めました。

環境変化と個配の進展

１９７０年代から順調に発展してきた班を基礎にした生協の宅配事業は、１９９０年代中盤から停滞期に入ります。その大きな要因は、日本の社会や経済の構造変化に伴う、組合員のくらしの変化にありました。

少子高齢社会の進行などによる家族構成の変化、女性の就業率の上昇、ライフスタイルの多様化などを背景に、日中、在宅する組合員が減少し、また、班単位でまとまる仕組みに対する煩わしさや運営に関わることの負担感などから、共同購入を続けられなくなる組合員が増加し、班の構成人数が減少し始めました。生協への新規の加入もそれまでのようには進まなくなります。１９９４年度には共同購入の供給高の前年割れが全国で発生し、さまざまな供給回復の努力が払われたにもかかわらず、班を基礎にした供給は停滞しました。

１９９０年代に入ると、そうした組合員のくらしの変化に対応し、首都圏コープ事業連合（現・パルシステム連合会）やコープかながわ（現・ユーコープ）が、個人宅への配達を行う「個配」を開始しました。首都圏を中心にした個配への挑戦の中で、個人に対応した宅配事業を歓迎する消費者が多数存在することが明らかになり、1990年代後半から個配が各地で取り組まれるようになりました。また、地域の商店や生協の店舗に組合員が注文した商品を留め置き、組合員が都合の良い時間に商品を取りに行く、地域受け取り班や店舗ステーションなどの形態も生まれました。

個配は、従来の班による共同購入（班配）と異なり、班をつくったり班に加入したりしなくても、一人で利用できる便利さがあります。一方、生協側から見ると、配達効率などの事業効率の低下、個人別集品のために物流への新規投資が必要になるなどの事業経営上の課題や従来の共同購入とサービス上の整合性を取るために手数料徴収の必要性が新たに生まれました。また、それ以上に、これまで運営の基礎組織としてきた班が弱体化し、個人組合員が増加するという、機関運営と組合員組織の変化への不安とためらいが、多くの生協にありました。

個配は、先行展開した首都圏の生協の成功が確認された2000年以降になってから、全国的な取り組みが本格化しました。個配の供給高は2006年度には班配の供給を上回り、2011年度は店舗の供給高を超えるまでに伸長しました。地域生協の個配の供給高は、2014年度、1兆1199億円で、宅配事業の全供給高の約66%を占めています。

宅配事業の課題

宅配事業の持つ組合員と直接かつ定期的につながる配達網や、自動引き落としの代金回収システムなどは、組合員との信頼の基に培ってきた重要な事業基盤です。

また、豊富な品揃えと効率的な配送を支える物流システムなどは、長年の事業の取り組みの上に築き上げられてきた財産です。

「日本の生協の２０２０年ビジョン」（P・２４２参照）では、こうした基盤をさらに発展させ、すべての都道府県で世帯数の20％以上、全国で１０００万世帯の利用実現を目指しています。

また、食品の宅配事業に参入する企業が増え、インターネット通販やネットスーパー、コンビニエンスストアによる宅配など新しい業態が成長してきています。中でも、ＩＴの進歩により、インターネットによる商品の購入やＳＮＳを活用した新たなコミュニケーションが広がり、小売業各社がオムニチャネル＊化を進めています。生協はこうした競争に勝ち、環境変化に対応していくためにも宅配事業の総合的な革新が求められています。高齢者をはじめ、増加していく単身や夫妻の二人世帯、あるいは子育て層の利用を進めるために、手数料減免やＯＣＲを改善する事例もでてきています。また、配送効率やピッキングセンターの生産性などを引き続き向上させ、効率的な宅配事業を構築しなければなりません。そのため、主に次のような課題が挙げられています。

①仲間づくり（組合員拡大）に継続的に取り組み、組合員を増やし続けること。
②インターネットを活用した注文システムの改善と普及を進めること。
③新規組合員の利用定着率を継続的に向上させること。
④事業効率の維持と向上のために配達コースや労働力構成を最適化すること。
⑤交通事故を防止し、地域社会の安全と安心に貢献すること。
⑥生協が提供する他の事業やサービスと連携し、組合員の生活を総合的に支えること。

また、データを活用したライフスタイルや世代で利用者の属性を意識（セグメント）した商品カタログの充実、ＩＴを活用した情報提供のあり方、長らく未利用となっている組合員の利用促進策などについても研究を進めています。

＊オムニチャネル　流通・小売業の戦略の一つで、実店舗、通販カタログ、ダイレクトメール、オンライン店舗（ECサイト）、モバイルサイト、SNS、コールセンターなど、複数の販売経路や顧客接点を有機的に連携させ、顧客の利便性を高めたり、多様な購買機会を創出すること。"omni"は「すべての」を意味する接頭辞。（株式会社インセプトが制作・運営するサイトIT用語辞典「e‐Words」〔http://e-words.jp〕より引用）

【コラム】――配食事業（夕食宅配）

高齢の組合員を中心に、夕食の弁当やおかずなどを配達する事業を、「配食事業」または「夕食宅配」と呼んでいます。生協では2007年にコープやまぐちが初めて取り組み、2014年度の生協配食事業の供給高は146億円、市場占有率が14％になりました（「全国生協宅配事業　2014年度の概況調査総括」）。

栄養バランスを考えた食事が自宅まで届くこのサービスは、高齢組合員の健康管理やくらしの見守りにもつながり、離れて暮らす家族からの配達依頼も増えています。また、配食事業は産前産後の組合員など、高齢者以外の層にも利用されています。

3．店舗事業

普段のくらしを支える店舗事業

生協の購買事業の供給高は、2014年度の実績で店舗を1とすると宅配は1・9という比率になっています。収益で比較すると、この差はもっと大きくなりますので、生協の購買事業は宅配に大きく依拠した構造になっています。しかし、宅配は週1回の定期的な配達を基本にしており、商品供給において、組合員の普段のくらしに柔軟に対応するという点で、不十分な面を持っている事業でもあります。そのため、多くの生協では宅配と並行して店舗を展開し、組合員の日常的で多様な要望に応えようとしています。それは店舗が、宅配にはない次のような特徴を持っているからです。

①曜日や時間に制約がなく、必要なときにいつでも商品を購入できること。
②商品を実際に見て、説明を受けて、現物を確認して購入できること。
③取り扱い品目数が多く、商品を比較しながら購入できること。

さらに、店舗は宅配利用と比べると加入しやすく、組合員を増やし、地域の中での組織率（組合員加入率）と生協の認知度を引き上げるという点や、地域コミュニティの拠点としての重要な役割を担っています。しかし一方で、店舗には次のような困難さがあります。

①店舗の建設や改装に大きな投資が必要であり、運営コストも大きいため、経常損益が赤字になりやすいこと。

②多くの部門があり、職員の技術の蓄積に時間と手間がかかること。

③他の企業との競争が激しいこと。

特に③については、競合するスーパーマーケットチェーンの出店が続いていることに加えて、コンビニエンスストアや食品を取り扱うドラッグストア、ディスカウントストアなどの新興勢力も急速に店舗数を拡大しており、事業環境はますます厳しさを増してきています。

生協の店舗事業の概況

このような環境の中で、生協の店舗事業は１９９９年度に前年割れとなって以来、供給高を低下させてきました。２０１４年度の店舗事業概況調査（47会員*）では９１３店舗・供給高は８８７０億円となっていますが、これは２００４年度の同調査（58会員、供給高９９７９億円）と比べて１１００億円を超える大きな落ち込みです。経常損益も、ここ数年で改善してきたとはいえ、２０１４年度でまだ１５８億円の赤字（対供給高△１・８％）です。

この背景には、競争の激化に加えて以下のような内部的な要因もありました。

①総じて店舗規模が小さく、組合員のくらしに必要な十分な品揃えができなかったことと、その結果として店舗向けの商品開発が遅れたこと。

②赤字店舗の閉鎖が遅れ、中・長期的な事業構造の改革に着手できなかったこと。

③赤字の縮小という問題意識を優先するあまり、人材や店舗への投資を抑制してきたため、店舗運営を担う人材の不足と〝店舗年齢の高齢化〟が進んできたこと。

これらの事情を踏まえて全国の生協ではここ数年、店舗事業の構造改革に向けた以下のような取り組みを進めてきました。

①事業全体の赤字の拡大を止めるために赤字店舗の閉鎖基準を整備して、必要な店舗閉鎖を行うこと。

②同時に既存店舗の改装・移転などに計画的に投資を行い、店舗の大型化や商品の見直しを

進めること。併せて新店開発の準備を進めること。

③店内で職員が組合員との対話を重視するとともに、国内の店舗視察やアメリカ流通視察セミナーなど他の優れた事例に学び、人材の育成に努めること。

この結果、２０１４年度の供給高はほぼ前年並みの水準となり、２０１５年度は増加に転じました。また経常損益も大きく改善し、経常黒字の生協も増加して全体の約３分の１に近づいています（２０１５年度見込み：供給高は約９２００億円・前年比１０３・７％、経常赤字は１１５億円・対供給高△１・３％、経常黒字は15生協）。先に触れたような宅配にない店舗の特徴を生かすためにも、この到達点を踏まえて事業の継続を保証できるような経常損益の黒字化を早期に実現することが、生協の店舗事業にとっての重要な課題です。

＊２０１４年度の会員数が減少しているのは、生協の合併および店舗事業からの撤退で集約会員数が減少しているため。

他のスーパーマーケットとの違い

ところで、他のスーパーマーケットと生協の店舗との違いは、どのようなことが挙げられるでしょうか。

もちろん、店舗の基本的な機能は同じです。食品を取り扱うにふさわしい衛生的な売場、普段のくらしを支える商品がいつでも揃うこと、安心して買い物ができる鮮度と品質、分かりやすく丁寧な商品案内、気持ちよく買い物ができる接客応対などがその内容です。むしろこれらの基本的な機能で一般の店舗に負けないことが、生協の店舗にとってのまず一番の課題になるともいえます。

しかし同じように重要なことは、生協の店舗が組合員の要望に沿ってつくられ、その声を反映して運営されているということです。商品やサービスを提供・販売する立場ではなく、それらを購入・利用する組合員の立場に立った細やかな商品提供、生産者やメーカーとの顔の見える関係を大切にした商品開発、正直で誠実な表示、職員と組合員との店内でのフランクなやりとりといったことは、生協の店舗だからこそ徹底したいことです。

また、多くの生協の店舗では、CO・OP共済の加入・共済金請求手続きなどをすることができ、保障の面から組合員のくらしを支える機能もあります。宅配の商品カタログで注文した商品を受け取ることができる「ステーション」、介護施設や子どもを預ける保育所や幼児一時預かりなどの施設を備えている店舗もあります。

早くからレストスペースや組合員集会室を設置し、コープ商品の試食や学習活動、子育てひろばなど、組合員が交流できる場を提供してきたのも生協の店舗の特徴でした。このように生協の店舗は組合員どうし、あるいは生協と組合員との「コミュニケーションの場所」という機能も果たしています。

ネットスーパー

近年、自宅や外出先でインターネットを通じて注文し、即日または翌日に商品が届くネットスーパー事業に参入する小売業者があります。

生協の宅配は、基本的に注文の翌週に一度の配達ですが、一部の生協の店舗でネットスーパー事業を始めています。組合員宅への配達を日常的に行っている宅配事業との協同により、生協が持つインフラやノウハウなどの強みを生かして、組合員のくらしにより役立つことが今後の課題になっています。

移動店舗

移動店舗とは、冷蔵ケースなどの設備を持ったトラックに、野菜、魚、肉、ドライ食品、雑貨などのさまざま商品を積み込み、日常の買い物が不便な地域などで供給を行う事業です。高齢者や車で買い物に行けない人などを中心に、生鮮品、冷凍品などが家の近くで手に入ることが利用者に喜ばれています。

過疎化が進み、小売店が減少している地域では、「買い物弱者」への対応が自治体でも課題となっており、生協の移動店舗に期待する声も多く寄せられています。自治体と連携して支援モデル事業として取り組む生協もあり、各地で移動販売車を導入する生協が増えています。東日本大震災の被災地で買い物に困っている人びとのために、全国の生協からの寄付や組合員の募金で移動販売車を導入し、移動店舗に取り組んでいる生協もあります。

駐車場所は、地域の要望に応じて利用しやすい場所が選定されていて、買い物の場としてだけでなく、利用者どうしや利用者と生協職員などとの、地域の触れ合いの場としても重要な役割を果たしています。

２０１５年10月時点で、29生協で１４８台の移動販売車が稼働しています。

4．組合員の声に応えた生協の商品開発・改善

組合員に安定的により安く供給するために

１９５０年代の後半から日本は高度経済成長の時代に入りました。国民の所得とくらしは向上する一方、インフレや公害などの問題を生みました。メーカーの商品流通へのコントロールが強まり、大手メーカーによる管理価格で消費者が不当に高い商品を買わされる状況が一般化し、それが消費者運動の大きな課題ともなりました。このような状況下、組合員に安定的により安く供給するために１９５７年、「生協」の名称にメーカーの商標名「旭味」を生かした複合調味料「生協連合の旭味《あさひあじ》」が開発されます。

そして、１９６０年に、ＣＯ･ＯＰのロゴを入れた全国コープ商品の第1号、「ＣＯ･ＯＰ生協バター」が誕生します。１９５０年代、乳業・乳製品業界では酪農家や酪農組合は大手メーカーの系列への統合が進み、値上げが繰り返されました。それに対抗して始まった牛乳の産直

運動「10円牛乳運動」の中で、大学生協と提携していた全国酪農業協同組合連合会（全酪連）が、バターの共同仕入れにも協力をし、商品化が実現したものです。

１９６６年に発売された衣料用洗剤「ＣＯ-ＯＰソフト」は、組合員参加による開発第１号の商品です（５０００人の組合員を対象に使用テストを実施）。当時、洗剤による河川の汚染や手荒れが問題になっていましたが、この商品は、洗剤に環境や人の肌への配慮という概念を取り入れた画期的なものでした。さらにより良い洗剤を目指して研究、開発を続け、１９６９年には「コープセフター」が誕生し、その後も環境への配慮を大切にしたロングセラー商品になっています。

有害食品や不当表示問題への消費者の不安に応えて

大量生産・大量消費の時代を迎え、インスタント食品や加工食品が急速に普及する中、不当表示や有害食品などが社会問題となりました。

食品添加物への不安が高まる中で、日本生協連は不必要な添加物を使わない商品づくりを進め、１９７０年には保存料のサリチル酸を使わない生協の清酒「虹《にじ》の宴《うたげ》」、１９７１年には

「コープ無漂白小麦粉」などを次々と開発していきました。

　商品の原材料などの表示は、当時ごく限られた項目しかされておらず、生協は他の消費者団体と連携し、表示項目を増やして一括表示をするように強く求めていきました。１９７３年に「虹の宴」で、日本で初めて酒の製造年月日表示や原材料表示を始め、１９８０年に独自の「食品の栄養表示」を開始しました。

　１９８２年には、コープ商品の表示の考え方を消費者にわかりやすいように、以下の３つに整理しました。
①商品の内容と特性を正しく伝える表示
②組合員が商品を選ぶときに役立つ表示
③組合員が利用しやすい表示
　以降も自主基準において、消費期限と賞味期限の使い分けを定義して期限表示を開始、遺伝子組換え食品に関する表示のガイドラインを作成・発表し、組合員の商品選択のための情報提供などに取り組みました。このようにして、業界の慣習を変えていくことも、生協の重要なテーマだったのです。現在では、品質表示だけでなく、使い方や調理方法など、商品をくらしの

中で生かすための表示も行っています。

１９７２年、日本生協連が商品試験室（現在の商品検査センター）を開設し、コープ商品の検査がスタートし、１９７３年に策定された「コープ商品政策」の中で、食品の安全がコープ商品の目指す価値として位置付けられました。１９８２年、「生協の商品力強化とＣＯ・ＯＰ商品政策」が確認され、コープ商品の開発基準、管理や表示の基準が定められていきます。管理基準の下に検査を行い、その結果に基づいて商品を改善していくこととし、商品検査センターはコープ商品をより良いものにしていくための検査機関として、より強く位置付けられるようになりました。

各地の生協でコープ商品の開発が進む

１９７０年代後半から80年代にかけて共同購入が急速拡大し、１９８０年代半ばには、全国の組合員数は１０００万人を突破しました。こうした力を背景に、各地の生協では、組合員と共に独自のコープ商品の開発を進めました。地域の班や運営委員会などで、コープ商品の開発・普及・利用の取り組みに多くの組合員が参加しました。

１９８０年代終盤以降、各地に次々と事業連合（Ｐ・２２５参照）が設立され、コープ商品の開発は事業連合の場でも進められるようになりました。商品開発のために、より幅広く組合員の声を生かす仕組みや、モニター制度なども導入されていきました。

環境に配慮したコープ商品づくり

日本生協連は１９９０年、生協独自の環境統一マークを制定、その認定商品の第1号は、ステイオンタブ缶飲料と「ＣＯ・ＯＰグリーンキーパー」です。

日本の缶飲料は長く缶本体上部から切り離されるプルタブが使われていました。そのため、道端に捨てられて放置されたり、それを動物が飲み込むなどの問題がありました。それを解決するために開発されたのがステイオンタブです。現在では日本でも一般的になったステイオンタブを生協は業界に先駆けて飲料缶に取り入れました。

「ＣＯ・ＯＰグリーンキーパー」は、再生紙１００％のティッシュペーパーを外箱を使わずにフィルム包装した商品で、森林資源への配慮とごみの減量につながりました。

生協の「環境配慮商品」は、組合員に支持されて次第に商品の種類も増え、時代の先駆けの役割を果たしてきましたが、２００９年度以降、社会的に認知された「エコマーク」などに切り替えていきました。

全国の生協で力を合わせて進めるコープ商品開発へ

２０００年代に入り、各地の生協・事業連合と日本生協連は、宅配と店舗の業態に対応した最適な商品配置を目指して、共同開発を進めてきました。会員ごとのコープ商品を統合し、まとまった数量で生産することで品質を維持したままコストを抑え、低価格を実現させようという挑戦です。

２００６年の「コープ商品政策」では、すべてのコープ商品が目指す３つの基本的価値（「安全性の確保」「品質の確かさ」「低価格の実現」）と、組合員の多様な願いに応える５つの付加価値（「おいしさの追求」「健康づくり」「楽しさ便利さ」「環境配慮」「食と食料への配慮」）を整理しました。これを具体化するために、「新・テーマ開発商品」３シリーズ（「コープ　美味しさシリーズ」「コープ　健康づくり応援シリーズ」「コープ　産地がみえるシリーズ」）が、２００８年に誕生しました。

そして、2010年には「確かな品質をお求めやすく」をコンセプトとした「コープベーシックシリーズ」商品の開発を行いました。

さらに2013年、5つの付加価値の「楽しさ便利さ」が「便利さ・使いよさ」「楽しさ・使いよさ」になり、新たに「人・社会への配慮」が加わり、7つの付加価値となりました。

コープ商品のさらなる強化・ロイヤルティ向上の取り組み

コープ商品のブランド強化策の一環として、「ラブコープキャンペーン」が2014年度にスタートしました。これは組合員や関連団体・会社も含めた生協の役職員がコープ商品の良さを実感し、商品の話題を広げ、さらに声を循環させていくことを目的としたものです。

宅配の紙面や店舗ではコープ商品の人気投票の実施、ブランド刷新（詳細後述）した商品の紹介、2015年には放映したテレビCMに登場した商品の訴求、店舗でのPI値（レジ通過客1000人あたりの購買指数）コンテストなどが行われました。また、組合員活動では商品活動ツール（ブランド刷新商品を中心としたセットなど）を活用した組合員の交流の場づくり、工場・産地交流会を実施し取引先に組合員の声を届ける、商品試食や学習会の開催などが活発に行われました。特に、組合員の声を届けることでは、取引先からも大変喜ばれ、お返事もいただいています。組合員参加の商品活動は、２０１４年度から２０１５年度までの２年間で４６０万人を超える規模になりました。

コープ商品発売55周年を迎えた２０１５年度より、生協では組合員のくらしの変化やＰＢ（プライベート・ブランド）市場の競争が激しさを増している状況下、組合員から最も支持されるナンバーワンブランドを目指して、コープ商品のブランドの刷新を進めています。

ブランド刷新は、生協が大切にしてきた、そして今後も大切にしていくコープ商品の価値と組合員の願いをわかりやすく整理し、それがきちんと伝わることを目的としています。ブランド刷新では、「ブランドメッセージ」と「５つの約束」を宣言し、これらに基づいて商品力強化に努めています。

このブランド刷新の取り組みでは、多くの商品の開発やリニューアルが行われ、「健康配慮」や「国産素材」、「産地指定」といった組合員の関心の高い価値をわかりやすく伝えるマーク付き商品、おいしさを追求したサブブランド「コープクオリティ」などがラインアップに加わりました。また、その他にも統一感を持たせたパッケージデザインの変更、くらしの声を広く集め、読み込み、評価をし、商品の開発・改善につなげるといった組合員の声を生かす取り組みを事業の中で仕組みをつくって強化しています。

またブランド刷新に合わせ、「CO・OP商品政策」も改訂し、ブランドメッセージを基本に、次の3点をCO・OP商品の役割としています。

①組合員のふだんのくらしに貢献する役割
②商品を通じて社会に貢献する役割
③生協の経営に貢献する役割

想いをかたちに SMILING CO·OP

「ブランドメッセージ」：想いをかたちに　SMILING CO・OP
一人ひとりの想いから生まれるCO・OP商品。
「おいしいね」「なるほどいいね」
今日もあなたに笑顔を届けられますように。

「5つの約束」

1. 安全と安心を大切に、より良い商品を追求します。
安全でより良い品質をめざし、安心のために正直なコミュニケーションに努めます。

2. くらしの声を聴き、価値あるものをつくります。
いつもくらしに寄りそって、願いや想いを受けとめて、価値あるものを作ります。

3. 想いをつなぎ、共感を広げます。
つくる人と使う人の想いをつなぎ、顔が見え、心が通う商品に育てます。

4. 食卓に、笑顔と健康を届けます。
健康を気づかい、使いやすく、家計にやさしい商品で、おいしい笑顔と心豊かなくらしをつくります。

5. 地域と社会に貢献します。
環境や人や社会に配慮した商品で、豊かな食と地域のつながりをつくります。

産直事業の歴史と到達点

「産直」とは「産地直結」の略で、農畜水産物とその加工品を、生産者と消費者が提携し、直接取引する事業です。

１９６０年頃、市販の牛乳は乳脂肪分を調整しているものがほとんどでした。成分無調整の牛乳を求める組合員の声に応え、産地と提携したことが産直の取り組みの始まりだといわれます。

高度経済成長期以降、農畜水産物の生産現場では、農薬や化学肥料、薬品入りの飼料などが多く使用され、安全性が問われるようになりました。また、生産物を大量流通させるため農産物などの規格化が進む一方で、規格が不ぞろいでも安全で新鮮な商品への要求が高まりました。この組合員の要求に応えて、全国の生協で多様な形態の産直事業が始められ、生協の生鮮食品の分野での大きな柱になってきました。

各生協では商品の供給だけでなく、生産者との相互理解を深める産地見学・交流活動にも積極的に取り組み、年間15万人以上の生協組合員が、産直生産者との交流に参加しています（２０１３年度）。

この産直活動を継続的に発展させるために、2001年に日本生協連の産直事業委員会は「生協農産・産直基準～生協産直の安全性と信頼確立・強化のために」を提起しました。現在、多くの生協がこの提起に基づき、次の5項目を生協の産直基準として設定しています。

①組合員の要求・要望を基本に、多面的な組合員参加を推進する。
②生産地、生産者、栽培・育成方法を明確にし、情報公開を行う。
③記録、点検、検査データの保存により追跡調査（トレース）が可能なシステムを確立する。
④生産者との自立・対等を基礎としてパートナーシップを確立する。
⑤持続可能な生産と、環境に配慮した事業を推進する。

さらに産直事業委員会では、生協の産直基準に則した確かな商品づくりを実現させるために、生産から流通、販売、消費に至るフードチェーンを通しての品質管理を目指し、「農産物品質保証システム」の構築を進め、普及・定着を図っています。

「農産物品質保証システム」は、日本生協連が進める「適正農業規範」「適正流通規範」「適正販売規範」の3つの規範に農産物の安全性、トレーサビリティ（追跡調査〔トレース〕が可能なシステム）と正しい表示、環境配慮、労働安全などの視点を入れた「管理のあるべき姿」

をまとめ、点検表の形にしてあります。このシステムの開発・改善にあたっては、生産者団体にも参加してもらい実証実験を行うなど、互いが協働して取り組みを進め、全国的に標準化したシステムを構築することを目指しています。

全国生協産直調査（全国59生協対象）では、２０１３年度の全国の産直供給高は２７０５億円となっています。

5．共済事業

CO・OP共済事業の発展

組合員のくらしの中で、病気やけがなどのリスクに備えるための「保障」を提供する共済事業も、生協の事業の大きな柱の一つです。共済は、病気やけがで入院した時などに支払いを受けられるだけでなく、「自分の掛金が誰かの役に立つ」という、生協が大切にしている「人と人との助け合い」を事業という形で具現化したものです。

全国労働者共済生活協同組合連合会（全労済）など、共済事業を専門に行っている生協もありますが、主に地域生協の事業の中で展開されているのがＣＯ・ＯＰ共済事業です。

ＣＯ・ＯＰ共済事業は、１９７９年に全労済と提携した火災共済などの受託事業としてスタートしました。そして、１９８４年から日本生協連を契約引受団体とする元受事業＊として、ＣＯ・ＯＰ共済《たすけあい》を開始しました。また２０００年から10年満期の定期生命共済であるＣＯ・ＯＰ共済《あいぷらす》を、２０１１年から一生涯の保障であるＣＯ・ＯＰ共済《ずっとあい》終身生命・終身医療を開始しました。全労済から受託したＣＯ・ＯＰ生命共済《あいあい》、ＣＯ・ＯＰ生命共済《新あいあい》、ＣＯ・ＯＰ火災共済と、合わせて７種類の共済が全国の１４６（２０１５年３月20日現在、全労済を除く）の生協とコープ共済連の共同事業として進められています。

＊元受事業　行政府の認可を受けて、共済契約を引き受けて事業責任を負うこと。

数多くの「ありがとうの声」が生協に届けられる

共済金や見舞金の支払いを受けた組合員からは、しばしば感謝の声が寄せられます。２０１

4年度、コープ共済連に届けられた約21万2000件の「組合員の声」のうち「ありがとうの声」は、約10万4800件にもなりました。

生協では、共済金を請求された組合員へお見舞いの気持ちとして、折り鶴を請求書類に同封して送っています。これは生協職員の発案で、1992年から始まった活動ですが、今ではその「思いやり」の気持ちが全国に広がり、小さな折り鶴が加入者本人や家族が病気やけがをしている方々の心を癒やし、多くの「ありがとうの声」につながっています。

2014年度末の加入者数は、受託共済を含む7商品で823万人となりました。同年に、誕生30周年となったCO・OP共済《たすけあい》は、取り扱い開始間もない1990年には10万人であった加入者が、588万人になりました。CO・OP共済《あいぷらす》は160万人、CO・OP共済《ずっとあい》の終身生命と終身医療は合わせて30万人となり、元受共済合計で、加入者は779万人となっています。また、組合員への「お役立ちのバロメーター」である共済金の支払い実績（2014年度）は、130万件・629億円でした。

現在、CO・OP共済事業は、組合員と家族が安心して暮らせるための保障として、大きな存在となっています。

各生協の担当者による積極的で、きめ細かい組合員へのお声掛けによる共済金請求忘れを削減する取り組みやコールセンター対応などが評価され、CO・OP共済は、公益財団法人 日本生産性本部「サービス産業生産性協議会」が実施する「顧客満足度」調査の生命保険部門で、調査初年度の2013年度から3年連続で第1位を獲得しました。

生協法改正と「コープ共済連」の設立

2007年5月の生協法改正は、CO・OP共済事業にも大きな影響を与えました。生協の共済事業を加入者が安心して利用できるようにするために、法改正前からも自主ルールを策定して実施していましたが、法改正にあたって、重要事項の説明、クーリングオフをはじめとする共済加入時のルールの明文化、最低出資金の額、準備金の基準など経営の健全性に関するルールなどが整備され、これらを遵守するために、日常的な業務の体制をしっかり組み立てることが求められました。

また、一定規模以上の元受共済事業を行う生協・連合会は、共済と購買など他の事業との兼業ができなくなりました。この兼業禁止は、共済金の支払いを契約者に確実に行えるようにするなど、契約者保護の強化と他事業とのリスク遮断を目的にしたものです。

このように、共済事業の組み立ての変更が求められ、２００８年11月、新たに、共済事業を専業とする、日本コープ共済生活協同組合連合会（コープ共済連）が設立され、元受共済団体として事業を開始しました。事業の組み立ては大きく変化しましたが、相互扶助が基本の理念であることや、共済事業の対象が主に地域生協の組合員であり、地域生協が共済事業の存立基盤であることに変わりはありません。

ＣＯ･ＯＰ共済事業の「２０２０年をめざすＣＯ･ＯＰ共済のありたい姿と長期戦略」では、組合員の自主性を生かしたライフプランニング活動の普及・推進などを通して、生協と社会におけるＣＯ･ＯＰ共済の存在感を高め、組合員の声を生かした事業運営を進めることにより、「組合員から一番に選ばれ、世帯の保障の中心となる共済」を目指しています。

6．福祉事業

生協の福祉事業の取り組み

生協は介護保険事業を中心とした福祉事業を、購買・共済に次ぐ、くらしの安心を創造するための第3の事業として、積極的な展開を行っています。2007年の改正生協法において、「高齢者、障害者等の福祉に関する事業であって組合員に利用させるもの」として、福祉事業が生協の事業として明確に位置付けられるようになりました。

地域生協の福祉事業への参入は、それまでも助け合いの活動を基盤に、2000年の介護保険法施行を機に始まりました。少子高齢社会を迎え、誰もが不安を抱えている介護への対応に、「人と人との助け合い」を大切にする生協が取り組むことには大きな意義があります。地域で利用者本位のサービスを提供し、地域での支え合い活動や事業を展開することは、生協の果たすべき役割に合致しています。

2014年度の地域生協(日本生協連の会員46生協)の介護保険事業実績(事業収入)は、約198億円となっています。その他、地域生協を母体とした社会福祉法人で約177億円、医療福祉生協(109生協)が約624億円で、生協グループ全体では、1000億円の実績となっています。

日本生協連の会員46生協の主要な3つのサービス分野について見てみると、居宅介護支援事業*1が約24億円、訪問介護事業*2が約58億円、通所介護事業*3が約43億円となっており、全国の延べ４５４の事業所で展開されています。

*1　居宅介護支援事業　利用者が可能な限り自宅で自立した日常生活を送ることができるよう、介護支援専門員（ケアマネジャー）が、利用者の心身の状況や置かれている環境に応じた介護サービスを利用するためのケアプランを作成し、そのプランに基づいて適切なサービスが提供されるよう、事業者や関係機関との連絡・調整を行う。

*2　訪問介護事業　訪問介護員（ホームヘルパー）が利用者の自宅を訪問し、食事・排せつ・入浴などの介護（身体介護）や、掃除・洗濯・買い物・調理などの生活の支援（生活援助）をするサービス。

*3　通所介護事業　自宅にこもりきりの利用者の孤立感の解消や心身機能の維持、家族の介護の負担軽減などを目的として実施。

利用者が通所介護の施設（デイサービスセンターなど）に通い、施設では、食事や入浴などの日常生活上の支援や、生活機能向上のための機能訓練や口腔機能向上サービスなどを日帰りで提供する。生活機能向上グループ活動などの高齢者どうしの交流もあり、施設は利用者の自宅から施設までの送迎も実施している。

福祉事業の課題

日本生協連では、2007年6月に「福祉事業再構築プラン」と「生協の福祉ビジョン」を、全国の会員生協の参加で検討・策定し、生協の多様な事業や活動の総合力の発揮などで組員・地域住民の願いに応えようとしています。

生協の福祉事業は軽介護領域を中心としていましたが、定期的に改定される介護保険制度に対応し、新しい事業領域へ転換してきました。そうした努力により、収支の改善が進んでいます。

2015年4月、地域包括ケアシステムの構築の実現を目指す、改定介護保険法が施行されました。地域包括ケアシステムとは、要介護状態になっても自分が住み慣れた地域で、自分らしいくらしを最期まで続けられるように、住まい・医療・介護・予防・生活支援を日常生活の圏域内で一体的に提供するものです。生協では地域ネットワークの各事業所となる複合型モデルの確立、展開を目指しています。

さらに、生協全体の事業・活動を基盤にしながら、新たな地域支援事業の担い手として行政との連携を進めていくことも大切な課題となっています。

7. サービス事業

生協のサービス事業は、全ての生協で行われているものではありませんが、組合員の幅広いニーズに応えるための事業です。

もちろん、生協の事業の中心は、食品をはじめとした店舗・宅配です。小売業を巡る競争環境はますます厳しくなっていますから、まずは、店舗・宅配の事業をきちんと運営できる事業力量を付け、その上で、サービス・利用事業を充実させていくことが必要です。

全国の生協で取り組まれているサービス事業の主なものには、次のようなものがあります。

旅行事業

組合員のニーズに応えて、料金的にも安心して利用できる国内・海外の旅行に関するサービスを提供する事業です。農林水産省のグリーンツーリズムの提唱を受けて始まった、親子での農山村体験・交流などを目的としたグリーンライフの取り組みなども行われています。

葬祭事業

葬儀の式典・食事などの会場や用具の貸し出し、飲食物の手配などを地域の業者と提携し、内容が明確で適正な価格のサービスを提供しています。さらに、葬祭場を直営で運営している生協もあります。

文化事業

事業として、文化教養・スポーツなどの教室を開いている生協、演劇などの自主上演会を企画し、開催している生協もあります。さらに、観劇やコンサート、映画などのチケットを割引価格で提供するプレイガイド部門を持つ生協も多くあります。

その他

住まいの改装事業、車検などの自動車関連サービス、布団打ち直しやシロアリ駆除といった日常生活上のサービスの仲介をしている例もあります。

第3章

生協の
社会的役割発揮

1．地域社会と生協

厳しさを増す地域社会

少子高齢・人口減少社会の進展、経済のグローバル化、地域の産業構造の変化など日本の社会・経済の構造的な変化の中で、地域間格差と所得格差の拡大が進行し、地域社会の状況も大きく変化しています。特に、地域経済が衰退したエリアでは、雇用と消費に深刻な影響が生じています。また、医療などの公共サービスや公共交通機関、日常的な買い物場所などのライフラインが損なわれるなどの厳しい状況が各地に見られるようになりました。高齢化と単身世帯の増加を背景に、地域における人と人とのつながりが弱まり、「社会的孤立」が大きな問題となっています。

地域社会づくりの一員として

組合員のくらしは、生協だけで成り立っているわけではなく、地域全体が良くなっていかなければ、一人ひとりのくらしの向上もあり得ません。

地域社会の変化から生まれる新たなニーズに対し、生協はどのような役割を発揮していくことができるでしょうか？　生協が地域社会づくりの確かな担い手になっていくためには、いくつかのポイントがあります。

①事業のインフラ（特に商品供給・食の分野、共済、福祉）を通じて、組合員・地域住民のくらしを支えること。

②地域社会の中で行政やさまざまな団体と協同しながら、地域のニーズに応えた活動を広げ、地域社会づくりに参加すること。

③くらしに関わる消費者の主体的な力を高める取り組みを地域で進めること。

事業を通じてくらしを支える

第1章で見たように、生協は、「生活の協同」で自分たちのくらしをより良くするためのさまざまな事業を展開しています。そうした事業のインフラを生かした地域社会のニーズに応える取り組みが進んでいます。

生協の宅配事業は、地域をよく知る配送担当者が毎週同じルートで配達しており、組合員や高齢者とお会いする機会が多いという特徴があります。この特徴を生かし、生協と自治体などとの間で「見守り協定」の締結が進んでいます。協定は担当者が配達の際、組合員や地域の高齢者などの異変に気付いた場合、事前に取り決めた連絡先に速やかに連絡・通報を行うというもので、２０１６年5月20日現在、全市区町村の半数以上（51％）の自治体と協定の締結が進んでいます。担当者が異変に気付いて通報し、救護することができたといった事例が多数生まれています。

高齢者や一人暮らしの方など、食事づくりが困難な方へ弁当やおかずをお届けする配食事業（夕食宅配）も広がっていますが、この配食事業も毎日の配達の折に、担当者が利用者の安否を確認するなど、くらしの安心づくりに役立っています。

少子高齢・人口減少社会の進展や過疎化などにより増加している「買い物弱者」への支援として、移動店舗の取り組みもあります（P・65参照）。

地域ネットワークの形成に関わり、地域社会づくりに参加

生協組合員の自主的・自発的な活動は各地で多様な形で広がっています。高齢者を対象にした助け合いの活動や交流サロン、子育て世代を対象とした子育て支援や食育の活動、〝振り込め詐欺〟や不当請求などの消費者被害を防止する活動、地域の環境を守り資源のリサイクルを進める活動など、さまざまな分野の取り組みに多数の組合員が日常的に参加し、地域におけるネットワーク形成が進んでいます。

こうした活動を生協の中だけにとどめずに、地域社会でより広く役立つことができるよう、地域の一員として地方自治体やさまざまな団体（ＮＰＯ法人、社会福祉協議会、生産者、その他の地域の人びととの集いなど）と連携・協力する動きが進んでいます。

地方行政との提携協力

生協は各都道府県に設置されている消費者行政に関わる審議会などに45都道府県で参加し、消費者の立場から意見や要望を述べています。２００４年の消費者基本法の制定を受けて、全国の都道府県で「消費生活条例」の改正が検討され、生協は審議会へ意見書を提出したり、積

極的な発言を行うなど、消費者の意見を反映した条例制定に取り組みました。各都道府県の「消費者基本計画」づくりにも、生協は審議会などを通じ積極的に参加しています。

食品の安全の分野では、全国の地方自治体が食品の安全に関する施策を進めるにあたり、消費者や事業者などを委員とする審議会などを設け、意見交換や検討を行っています。さらに、地方自治体が実施する食品衛生に関する監視指導については、住民の意見を聞いて年度ごとに実施計画として「食品衛生監視指導計画」を立案し、運用することが法律で定められています。生協は全国で、これらの場に積極的に参加し、意見や提言を行い、地方自治体の食品安全の施策をサポートしています。

くらしに関わる消費者の主体的な力を高める

消費者が主体的に判断でき、安心して暮らせるよう、生協では、福祉・介護、食育、消費者教育などの分野で情報提供や学習の機会を持つといった活動を進め、リーダーとなる人の育成などを行ってきました。

市町村では、くらしに密接なこうした分野について協議会などをつくって、施策づくりを住民参加で進める動きが増えていますが、生協でも力を入れてきたこうした活動を地域向けの講座や学校への出前授業として受託したり、市民活動団体やグループと連携して取り組むなどし、活動を広く地域へ還元することで地域社会づくりを支えています。

地域のニーズに対応した新たなくらしの課題への挑戦

少子高齢・人口減少社会とともに、社会的孤立や格差拡大、貧困層の増加など、これまでとは異なるくらしの課題が生じています。そうした地域のニーズに対して生協は、人と人とが助け合うことを大切にしている組織として、可能な分野から取り組みを始めています。

例えば、その一つであるフードバンクは、賞味期限内ではあってもパッケージ破損などのさまざまな理由により、商品として販売することのできない食料品や日用品を、必要とする人びとに届ける仕組みで、これに協力したり、自らフードバンクを運営する生協が増えています。

生活相談・貸付事業は、お金のことを含めたさまざまな困り事の相談や支援、必要に応じて生活資金の貸し付けを行うもので、相談者の生活改善・家計再生を目指しています。

また、東日本大震災で家庭学習が困難になった子どもたちに学習の場を提供したり、一般就労が難しい人に事業所として仕事の機会を提供するなどの取り組みも行われています。
これらは、生協と地方自治体や社会福祉協議会、NPO法人など地域のさまざまな団体、協同組合などが連携することによって、「誰でも、いつでも、どこでも、安心して暮らせる社会」を目指す、さまざまな広がりを持つ取り組みとなっています。

【コラム】――「CO・OP共済　地域ささえあい助成」

コープ共済連は、2012年度から社会貢献活動として「CO・OP共済　地域ささえあい助成」を実施しています。その源流は、コープ共済連設立前の日本生協連において実施されていた、「生協福祉活動推進助成事業」です。これは生協の福祉活動を推進する目的で行われていたもので、コープ共済連（当時の日本生協連）では1996年から15年間、約3億7500万円を助成しました。この助成事業は「くらしの助け合いの活動」、「子育てひろば」などの取り組みの広がりに寄与し、一定の役割を果たしたため2010年度に終了しました。

その後、生協以外の団体などとも連携した地域社会への貢献を支援する取り組みとして「CO・OP共済　地域ささえあい助成」を始めました。この助成は、生協と他団体が協同して地域の問題を解決する活動を支援するもので、以下の3つのテーマのいずれかに沿った取り組みを対象としています。

①くらしを守り、くらしの困りごとの解決に資する
②命を守り、その人らしい生き方ができるようにする
③女性と子どもが生き生きする

コープ共済連は、2012年度の第1回目から毎年、約40団体に合計2000万円程度の助成を行っています。

2. 消費者問題の取り組み

消費者被害の拡大・深刻化と生協の役割

生協は、自分たちのくらしの向上を図る取り組みの一環として、消費者の権利を確立していくための活動を行っています。経済や消費の成熟化と相まって、さまざまな商品やサービスが提供されるようになり、取引や契約の方法も多様化し、それに伴い消費者被害の内容も多様化し複雑になっています。2013年度に国民生活センターと各地の消費生活センターに寄せられた苦情・相談の件数は約94万4000件で、高い水準となっています。また、悪質な商法や誇大広告などによって消費者が受けた被害・トラブル額は、2014年度は6兆7000億円という推計値が消費者庁より公表されています。

このような状況下で、生協は、消費者が自らの権利を行使できる状況をつくるため、行政の審議会への参加や消費者団体と協力し政策提言活動、消費者への啓発・学習活動を進めています。

消費者基本法の成立

1994年に「製造物責任法（PL法）」が制定され、製造者の過失についての消費者の立証責任が以前より軽減されました。2000年には「消費者契約法」が制定され、消費者と事業者の契約に関する基本的なルールが定められました。生協は、このような消費者の権利を前進させていく法律を制定する運動を、全国の消費者団体と共に進めました。

2003年5月には、生協の代表も加わった内閣府国民生活審議会の消費者政策部会で、「21世紀型の消費者政策の在り方について」がまとめられ、2004年4月に「消費者保護基本法」が大幅に改正され、「消費者基本法」が成立しました。この法律には「消費者の権利」が明記され、行政・事業者・消費者の責務・役割の見直し、苦情処理・紛争解決の促進、国の推進体制の強化などが盛り込まれ、この間の生協と消費者団体などの主張が多く反映されたものとなりました。

消費者団体訴訟制度の充実に向けて

消費者契約法に基づく、消費者団体訴訟制度が2007年6月にスタートしました。この制度は、消費者被害の未然防止と拡大防止を目的とし、内閣総理大臣から認定を受けた「適格消費者団体」に、消費者契約法に照らして、事業者の不当な行為（不当な契約事項や不当な勧誘行為）の差止請求の訴訟を起こす権利を認めた制度です。

消費者と事業者の情報力や交渉力の格差が拡大し、消費者被害が増加する状況の下では、誰もが思いがけなく消費者被害に遭う時代になっています。消費者団体訴訟制度は、こうした消費者個人の対応では限界のある問題について、適格消費者団体に差止請求訴訟の権利を認めることにより、被害の発生や拡大を防止する力になるものです。

この制度の開始に先立って、日本生協連や消費者団体、専門家との協力・連携により、適格消費者団体を目指す団体として２００４年、消費者機構日本が設立され２００７年に認定されました。２０１６年3月現在、各地の生協も参加する中で全国で14の適格消費者団体が設立され、活動を進めています。

その後、さらに消費者問題が複雑・多様化する中で、生協や他の消費者団体などはより広範なトラブルに対応できるよう、この制度を適用する法律を広げることを行政に求めてきました。特に、訪問販売など消費者トラブルを生じやすい特定の取引を対象にトラブル防止のルールを定めている「特定商取引法」や、不当表示や過大な景品類の提供を厳しく規制している「景品表示法」にも消費者団体訴訟制度の導入を求め、２００８年の通常国会でこれらの法律の改正が行われ、２００９年度よりこの制度がより広く適用されるようになりました。さらに、２０

15年に施行された「食品表示法」にも、消費者団体訴訟制度の適用が盛り込まれました。

2013年に、「消費者の財産的被害の集団的な回復のための民事の裁判手続の特例に関する法律（消費者裁判手続特例法）」も成立し、2016年度には、適格消費者団体の中から新たな要件を満たし、内閣総理大臣から認定を受けた「特定適格消費者団体」により、悪質事業者から金銭を取り戻せる賠償請求裁判が起こせることになりました。今後はさらに、悪質な事業者に不当な利益を吐き出させるための経済的不利益賦課制度や、悪質事業者による財産の隠匿・散逸を防止するための制度の整備が課題になっています。

消費者庁と消費者委員会の設立

商品やサービス提供における消費者被害の拡大や食品の安全を脅かす事故、さらには、エレベーターやガス湯沸器といった身近にある機器の事故などが発生する状況の中、2008年1月の通常国会で「消費者行政を統一的、一元的に推進するための強い権限を持つ新組織」の構想が発表され、消費者行政の一元化と充実が目指されました。この構想の具体化に向けて、生協は多くの消費者団体と協力しながら、全国で活動を進めました。その後の政局の変動の中で紆余《うよ》曲折はありながらも、２００９年９月１日に、消費者行政を一元的に担う消費者庁が誕生しました。また、それを外側からチェックしサポートする機能を持つ消費者委員会が、新たに発足しました。

消費者教育推進法の成立

２０１３年には、議員立法によって「消費者教育の推進に関する法律（消費者教育推進法）」が成立し、施行されました。「消費者教育推進法」では、消費者教育の機会が提供されることは消費者の権利であること、「消費者が主体的に消費者市民社会＊の形成に参画することの重要性について理解及び関心を深めるための教育」も消費者教育に含まれることが明記されています。また、国が定める「消費者教育の推進に関する基本的な方針」を踏まえ、都道府県や市町村がそれぞれの地域で消費者教育推進計画を定め、消費者教育推進地域協議会を組織するよう努めることも規定されています。

「消費者教育推進法」の施行を受けて各地で取り組みが進み、生協はさらに、行政機関や地域の諸団体と連携し、消費者教育の推進ならびに消費者市民社会の形成に向けた地域での取り組みに参画することも期待されています。

全国の消費者組織と協力して

1956年に結成された「全国消費者団体連絡会（全国消団連）」を日本生協連が支えるとともに、各地の消団連でも生協が中心的な担い手となって、さまざまな消費者運動に取り組んでいます。全国消団連は消費者団体の全国の連絡センターとして機能するとともに、政府などへの政策提言を積極的に行い、専門家とのネットワークの下で、各種の共同行動などを進めています。2013年には、消費者の権利の実現とくらしの向上、消費者団体活動の活性化と消費者運動の発展に寄与することを目的とする一般社団法人となりました。2016年4月時点で、全国消団連には、日本生協連を含む全国と地方の47団体が加入しています。

適格消費者団体づくりと併せて、生協は各地でさまざまな消費者団体との協力・連携を進めています。

＊消費者市民社会　消費者が公正かつ持続可能な社会の形成に積極的に参画する社会。
（消費者庁作成リーフレット「消費者市民社会って？」より）

3．食品の安全システムづくり

食品の安全の追求

今日、私たちの食生活をめぐる状況は、科学技術の発達、経済のグローバル化による食品輸入の拡大、消費の成熟化によるライフスタイルの変化などにより、加工食品の利用が増加し、中食《なかしょく》・外食の機会も高まるなど、大きく変化してきています。

食品の安全に関する課題は、食品添加物・残留農薬・有害微生物による食中毒などにとどまらず、遺伝子組換え食品、ナノテクノロジーなどの新しい技術を応用した食品、ＢＳＥ（牛海綿状脳症《うしかいめんじょうのうしょう》）、放射性物質、食品中への有害物質の意図的な混入、「健康食品」の利用のあり方など、次々と新しいテーマが発生しています。

生協はこれまでも、食品の安全を確保する社会的な仕組みづくりや運用の改善に向け、学習活動・提言・情報発信などに積極的に取り組んできました。

食品衛生法改正の取り組み

1995年に食品衛生法の大幅改正が行われた際には、日本生協連が天然添加物規制のあり方、農薬・動物用医薬品の残留基準の策定、消費者の意見を反映させるシステムなどについて要望をまとめ、政府への働き掛けを行いました。その中で一定の前進はありましたが、多くの要望は実現しませんでした。また、それまでの食品衛生法は「衛生上の危害の発生を防止すること」が法の目的となっており、「国民の健康保護」への言及がなく、新たな食品の安全に関する問題に、対応することが難しくなっていました。さらに、「消費者」についての位置付けがなく、国民の権利や国の責任についても明確に規定されていませんでした。

こうしたことから、日本生協連では1999年から、食品の安全に関する法制度の整備を柱とする社会システムの確立を求めて、抜本的な法改正を求める運動に取り組みました。全国の生協組合員が中心になり、他の消費者団体とも連携して1373万筆にも及ぶ署名を集約し、国会請願を行い、2001年秋の国会で採択されました。

食品安全基本法制定と食品衛生法改正

2001年の国会請願採択の直前に、日本国内で初めてのBSEの問題が起こり、消費者の牛肉離れと食品安全行政への深刻な不信感を増大させました。この危機的な事態が、日本の食品安全行政を大きく転換させる契機となりました。

2003年5月の通常国会で、リスクアナリシス*の考えを取り入れた「食品安全基本法」の制定と、食品安全委員会の設置が決定され、同時に、法律の目的に「食品の安全性の確保のために」、「国民の健康の保護を図ることを目的とする」等が明文化された、「食品衛生法」の抜本改正が行われました。

*リスクアナリシス　食品の安全に関するリスクを軽減・回避するための過程を示す用語として用いられる。リスクを科学的に評価する「リスクアセスメント」、この評価を基に管理する「リスクマネジメント（リスク管理）」、リスク評価者・利害関係者・リスク管理者それぞれの間の適切なコミュニケーションを図る「リスクコミュニケーション」を含んでいる。

食品添加物基準などの考え方を整理

２００３年の食品安全基本法制定と食品衛生法改正を経て、日本の食品安全行政は大きく変化し、化学物質のリスク管理をめぐるさまざまな科学的知見が蓄積されてきました。そこで日本生協連では、２０１０～２０１１年度に「ＣＯ・ＯＰ商品における化学物質のリスク管理に関する政策検討委員会」において、議論と生協としての考え方の整理を行いました。

同委員会では、これまで生協が行ってきた食品の安全を守るための取り組みによって、食品安全基本法が成立し、リスクアナリシスに基づく食品安全行政が整備されたことを受け、ＣＯ・ＯＰ商品のリスク管理も、科学的知見に立脚し、「中立性」「情報公開」の原則の下で行われる国のリスク評価・リスク管理に基づいて行うことを確認し、これは長年の生協の取り組みの成果であると評価しました。

また、食品の安全のために今後強めていくべきことを、以下の4点に整理しました。

①行政への意見提出、社会への発信を行い、食品安全システムの向上に貢献すること。
②国内外のリスク情報に目を配り、収集し、理解し、説明できるようにすること。
③ＣＯ・ＯＰ商品事業のリスク管理の取り組みを引き続き強化すること。

④リスクコミュニケーションを進め、組合員と共に安全と安心を築いていくこと。

これらの取り組みを通じ、生協は食品の安全を確保するための総合的な実践を積み重ね、組合員や社会からの信頼を得られるよう努めています。

食品添加物などの化学物質のリスク管理については、「基準があるから安心」、「検査をしているから安心」というようにリスク管理の一部だけを強調するのではなく、食品の安全に関わる取り組みの全体像が見えることが大切です。このような取り組みを継続することで、CO・OP商品のリスク管理にとどまらず、国の食品安全システムの発展に貢献することを目指しています。

4. 環境保全の取り組み

生協の環境問題への主な取り組みの歴史

生協での環境保全の活動は、1960～1970年代の公害問題までさかのぼりますが、日本生協連が全国的な運動方針として提起したのは、1990年前後の「地球環境問題」への取り組みからです。このころ、環境問題への取り組みを生協の「根源的課題」として位置付け、「生協の21世紀理念」（P・239参照）の中でも「自立した市民の協同の力で、人間らしいくらしの創造と、持続可能な社会の実現を」と表現しています。

1990年代には、牛乳パックなどのリサイクルや環境に配慮した商品の開発・普及、河川の水や空気などの環境測定活動などが広がりました。特にリサイクルは、初めは組合員の自主的な活動として始まり、その後、事業者の責任として店頭や宅配を通じての回収を行うようになり、規模も拡大していきました。1995年に「容器包装リサイクル法」が成立し、容器包装のリサイクルが社会的な仕組みとして位置付けられましたが、生協のリサイクル活動は、こうした流れを後押しするものでした。

2000年代前半には、環境への影響を継続的に改善する仕組みとして、多くの生協がISO14001の認証を取得しました。これにより、環境問題は生協の組織全体で取り組むものとなり、電気や燃料の使用量が定期的に把握され、CO_2排出量の算定が可能になりました。

2003年からは、全国の生協で「温暖化防止自主行動計画」を策定・実施するようになります。生協の事業活動から排出される温室効果ガスを計画的に削減していく取り組みで、店舗や事務所の省エネ化や宅配事業における配送の効率化などが取り組まれています。

2020年に向けた環境政策

2010年には、環境問題に対する今後の生協の展望をつくり出すために「2020年に向けた生協の新たな環境政策」を策定しました。この政策では、低炭素社会、自然共生社会、循環型社会に基づく持続可能な社会の実現に向けて、生協の環境活動のテーマについて整理しています。

○温室効果ガスの削減（2013年に目標値の再設定）
○再生可能エネルギーの普及（2015年に目標として追加）
○商品事業における環境配慮
○事業からの廃棄物の削減・ゼロ化
○組合員活動としての環境保全の取り組み方向

このうち、生協の事業におけるCO$_2$排出量については、「CO$_2$排出総量を、2020年に、2005年比で15%削減」を目標として掲げています。

組合員の環境活動

組合員の環境の取り組みでは、親子での自然観察や地元の森づくりなど、地域と結びついた活動が広がってきました。

買い物袋の持参運動は、1970年代からさまざまな工夫を重ねて取り組まれ、組合員の理解を基に、レジ袋の有料化も進んできました。

毎日のくらしの中で環境への負荷を減らすための取り組みとして、環境に配慮した行動をチェックする「エコライフチェックシート」が普及しました。これは、その後、より多くの人が参加するキャンペーンとして、「一日エコライフ」、「エコライフカレンダー」などの取り組みに発展しています。

環境に配慮した商品づくり

生協では1990年代に、環境に配慮した商品について、生協独自の認証を行うこととし、独自の環境統一マークを制定しました。当時は社会的にも環境配慮商品を認証・認定する仕組みが確立しておらず、「商品を選ぶときに、環境のことを考えて選びたい」、「環境に配慮した商品をわかりやすくしてほしい」という組合員の声に応え、独自に制度化を図りました。

その後、(公財)日本環境協会が運用する「エコマーク」*1が普及し、国際的な認証制度である「FSC®」*2や「MSC」*3といった制度もつくられました。そこで、2010年に、環境政策を見直した際に、日本生協連のCO・OP商品の環境配慮商品基準としては、外部の認証基準を用いるよう、方針を整理しました。2014年現在、エコマーク、MSC、FSC、有機JAS*4、特別栽培農産物*5、マリン・エコラベル*6、レインフォレスト・アライアンス*7の7種類の認証を環境配慮商品として位置付けています。

また、商品の製造から使用・廃棄まで、つまり商品のライフサイクル全体で排出されるCO_2を定量的に表す「カーボンフットプリント(CFP)」の表記にも取り組んでいます。CFPは、商品自体は特別に環境に配慮したものではありませんが、消費者が商品を選んだり、使用したりする際に、その環境影響を知る手掛かりになります。

＊1　エコマーク　さまざまな商品（製品およびサービス）の中で、「生産」から「廃棄」にわたるライフサイクル全体を通して環境への負荷が少なく、環境保全に役立つと認められた商品に付けられる環境ラベル。

＊2　FSC　森林管理協議会。木材を生産する世界の森林と、その森林から切り出された木材の流通や加工のプロセスを認証する国際的な組織。その認証は、森林の環境保全に配慮し、地域社会の利益に適い、経済的にも継続可能な形で生産された木材に与えられる。

＊3　MSC　海洋管理協議会。漁業認証と水産物エコラベル制度を通じ、持続可能な漁業を推奨し、漁業関係者、水産関連企業、科学者、環境保護団体などと手を携え、環境に配慮した水産物の選択を推進している国際的な組織。

＊4　有機JAS　日本農林規格（JAS）に基づき、農林水産省の登録を受けた第三者機関（登録認証機関）の認証による格付け審査に合格した有機農産物。

＊5　特別栽培農産物　略称・特栽。2001年に農林水産省が定めた「特別栽培農産物に係る表示ガイドライン」に従って生産された、化学合成農薬および化学肥料の窒素成分を慣行レベルの五割以上削減して生産した農産物。

＊6　マリン・エコラベル　水産資源と海にやさしい漁業を応援する制度として2007年に発足。資源と生態系の保護に積極的に取り組んでいる漁業を認証し、その製品に

マリン・エコラベルを付ける。

＊7 レインフォレスト・アライアンス 野生生物の保護、土壌と水源の保全、労働者とその家族および地域社会の保護、生計の向上などを通じて真に長期的な持続可能性の達成を目的として、農園や森林が認証される。環境・社会・経済面の厳格な基準に則って管理される認証農園や認証森林で作られた産品、あるいはその産品を材料にして作られた商品に、マークの使用が認められる。

5．くらしの見直しの取り組み

くらしと社会のつながりを考える

少子高齢・人口減少社会に伴う社会構造の変化や将来の社会保障制度への不安などを背景に、家計管理やライフプランづくりへのニーズが高まっています。

日常的な家計管理により、自分のくらしをお金の出入りと資産・負債の状況から正確に知り、将来の安心できるくらしを設計するために、ライフプランを考えることが必要になっています。

また、これからの税や社会保障の制度や内容の変更は、将来のくらしに大きな影響を与えます。生協では、税制や社会保障制度について、組合員が学ぶ活動もしています。

生協の家計活動

家庭生活を営む上で、家計管理を行うことはとても重要です。最近では、所得格差が拡大し、給与所得が減少するなど、将来のくらしへの不安が広がっています。また、ローンやクレジット、電子マネーの普及など支払い方法が多様になり、家計管理を行うことが難しくなっています。そのため〝くらしの羅針盤〟としての家計簿の大切さがあらためて見直されています。

生協では、1978年から『生協の家計簿』を発行し、「つけ方講習会」や家計管理の学習会、家計簿モニター活動などを通して、自律的な家計管理の普及に取り組んできています。

ライフプランニング活動

生協では家計活動と併せて、くらしを見直す取り組みとして1994年から「ライフプランニング活動」に取り組んでいます。「今後の家族のイベントや子どもの進学にかかるお金」、「これから家族に起きるかもしれない病気や事故などの万一の事態への不安」、「セカンドライフに対する不安と夢」などの家族にとっての不安や夢を明らかにし、それに対する対策を立てていくために、くらしの保障やお金について組合員どうしで学ぶことを目的に行われています。学習内容は「リスクに備える保障の考え方」、「教育費や老後の生活費の準備のしかた」、「住宅ローンの組み方」、「社会保険と税金の基礎知識」などです。

また、近年ライフプランニング活動は、テーマや対象者の幅を広げてきています。例えば、「赤ちゃんの事故防止の学習」、「子ども向けのおこづかいゲーム（金銭教育）」、「エンディング学習（終活）」、「学生向けのマネー講座」などが人気です。2014年度は、全国で約5万人の組合員や一般消費者がライフプランニング活動に参加しました。

コープ共済連では、組合員や職員を対象に、この活動の担い手となるライフプラン・アドバイザー（LPA）の養成を行ってきています。現在まで105生協がLPAの養成に取り組み、2016年3月までに、3774人（うち1476人が組合員LPA）誕生しています。LPAは学習会の講師、組合員の保障に関する個別相談、講演会の企画などで活躍しています。

6. 食育の取り組み

生協の考える食育「たべる、たいせつ」

生協では、健康でありたい、そのためにも安心して安全な食品を食べたいという、組合員の願いを実現するためのさまざまな取り組みを進めてきました。その努力が実って、食品の安全に対する社会的な認識や国の食品安全行政も大きく前進してきています。しかしその一方で、社会とくらしの変化を反映し、食生活のバランスの乱れからくる肥満や生活習慣病などの増加、若い世代を中心に、食に関する知識や経験の不足などの新たな問題が発生しています。社会や家族のあり方の変化を受け止め、楽しくおいしく食べ、健康な食生活を営むにはどうすればよいかを、みんなで考えていこうというのが、食育の出発点です。

生協の考える食育は、これをこのように食べなさいという正解を与えるものではありません。一人ひとりが食べることを大切にすることや、自分にとって望ましい食生活を考え、実現できる力を養うことを目指しています。そのことが結果として、子どもから大人までの食事を通じた生活の質の向上や、健康な体づくりとその維持向上につながります。このような生協の食育を「たべる、たいせつ（食育）」と名付け、以下のとおりに整理しました。

◆生協としての「たべる、たいせつ（食育）」

「たべる、たいせつ（食育）」について大切にしたい視点

①ひとりひとりの主体性を育みます
②毎日の生活をたいせつにします
③「家庭」の力を信頼します
④地域のつながりをたいせつにします
⑤生協の事業との連携を生かして取り組みます

2015年3月、日本生協連は国の新たな「食料・農業・農村基本計画」策定に対し、意見を提出しました。その中で、食育についても意見を述べています。

同時に報告書「食料・農業問題と生活協同組合の課題2015～地域で手をとりあって～」

をまとめました。その中で、「日本の生協の2020年ビジョン」(P・242参照)の実現に向けた、生協の取り組みの基本視点として「組合員と生産者のつながり強化、食育の積極的展開」を掲げています。

【組合員と生産者のつながり強化、食育の積極的展開】

◆組合員と生産者のつながり、コミュニケーション強化の活動

①産地交流や農業体験など、組合員と生産者のつながりを深める取り組みを進めます。

②直接生産地に赴いて交流ができない組合員でも生産者の顔がより見えるように、ＩＴを活用したコミュニケーションの拡大に取り組みます。

③組合員から寄せられた商品へのお申し出や改善要望とともに、感謝の声を生産者に直接届けるなど、生産者がやりがいを感じ、より生協の取り組みへの参加の実感が得られるよう強化します。

◆食育の取り組みと食生活の改善

①農業体験などの場で、種植えから収穫まで一貫して体験できる場を増やし、食や生きものへの感性を養える取り組みを進めます。
②子どもたちが農業や食の大切さを強く感じられる機会を増やすため、給食など学校教育の場での食育の取り組みが強化されるよう、地域の自治体や関係団体に呼びかけます。
③生活習慣病の視点も踏まえながら、子どもから高齢者まで健康な食生活を実践するために、あらゆる世代への食育に取り組みます。
④食品表示などの情報について、正しくわかりやすく学べる取り組みを進めます。
⑤生協の事業において、食育の視点を持った商品案内やレシピ・食べ方の紹介に取り組みます。
⑥それぞれの地域にある食文化の継承や発展のための取り組みを進めます。
⑦家庭での食品の正しい管理や、無駄・廃棄の削減に向けた取り組みを進めます。

全国で取り組まれる食育活動

全国の生協では、産直事業と結びついた生産者との交流や産地見学、子どもたちの農村・農業体験の取り組みや、食品の安全に関する学習会を通した消費者としての知識や判断力の育成、料理教室や手づくり食品の作り方教室などによる食のスキルの伝承、わが生協の自慢のレシピづくり、バランスの取れた食事についての情報提供など、多彩な食育の取り組みが進められています。

こうした活動が、幼稚園や保育園、学校などへの出前講座として行われるなど、地域や多様な団体などとの連携も広がっています。また、高齢者支援や子どもの貧困、食品ロス、地域づくりなどの地域課題の解決に至るまで、食・食育を中心としたさまざまな活動へと発展しています。

7．子育て支援の取り組み

少子高齢・人口減少社会が進み、地域とのつながりが希薄化する中で、国や地方自治体も子育て支援に積極的に乗り出しています。

組合員活動の行事や会議などの際に、組合員の子どもを一時預かりする仕組みは多くの生協でつくられており、子育て世代の活動参加を促進する上で欠かせないものとなっています。また、小さな子どもや妊婦のいる家庭の宅配手数料を減免する生協が増えています。

地域のつながりの中で子育てを支援する取り組みとして、乳幼児とその親の身近な場所に居場所をつくる「子育てひろば」があります。これは、月1〜2回程度、生協の店舗や公共施設を利用して開催され、乳幼児とその親が自由に集い、子育ての仲間づくり、地域とのつながりづくりの場となっています。各自治体から委託を受けた「子育てひろば」に取り組む生協もあります。「子育てひろば」は2014年度には、全国で52生協473カ所に広がり、約2500人のスタッフに支えられ、延べ約15万人の親子がこの広場を利用しました。

さらに、2015年4月からスタートした内閣府の「子ども子育て支援新制度」を受けて、認可保育所や小規模保育所、一時預かり施設、学童保育所などの運営を開始する生協も生まれています。

こうした生協の中には、開発が進む地域にある事業所で働く人たちのニーズに応えたり、子育て世帯の人たちの男女共同参画を後押しし、行政が進める「待機児童対策」と足並みを揃えるなど、新しい取り組みを行っているところも出てきています。

8．男女共同参画の取り組み

男女共同参画社会とは、男女が互いに人権を尊重しつつ能力を十分に発揮できる社会のことを指します。生協は、利用する組合員の9割以上、働く職員の約3分の2が女性であり、1990年代の初めから男女共同参画の取り組みを行ってきました。

日本生協連では、2016年の春に「男女共同参画促進に関する今後の方向性と課題」をまとめました。これは、全国の生協で男女共同参画の取り組みを促進するため、「職員が働く場としての生協（職員組織分野）」の方向性と「組合員が活動する場としての生協（組合員活動分野）」の方向性を示したものです。

職員組織分野については、男女共同参画を進めるために、①ワーク・ライフ・バランスの視点、②女性活躍推進の視点、③ダイバーシティの視点、が重要だとしました。その上で、誰もが元気に働ける生協づくりに向けた取り組みを進める方向性を掲げました。また、生協全体として、2020年までに正規職員における女性比率を25%、管理職における同比率を15%とすることを目標に掲げました。なお、2015年度の調査では、正規職員の女性比率は21・0%、管理職では8・8%でした。

2015年には「女性の職業生活における活躍の推進に関する法律（女性活躍推進法）」が制定されました。この法律では、常時301人以上の労働者を雇用する事業主に対して、女性の活躍推進に向けた行動計画の策定などが新たに義務付けられました。これを受け、多くの生協では、それぞれの生協の状況に合わせた、女性活躍推進計画を定めています。

併せて全国の生協では、仕事と家庭の両立を支援する各種制度を整備し、育児や介護をはじめとするさまざまな事情を抱えていても働き続けられる職場づくりを進めてきました。各地の生協が、厚生労働省や地方自治体が主催する「均等推進企業表彰」や「均等・両立支援企業表彰」を受賞しています。

また、生協では、職員の子育て支援も積極的に進めています。2007年4月から、厚生労働大臣により企業が商品、求人広告などに使用することができ、従業員への子育て支援への積極的な姿勢を示す「くるみん」マークの認定が行われています。その認定には、「次世代育成支援対策推進法」に基づいて従業員の子育て支援のための行動計画を策定・実施し、その結果として、男性の育児休業の取得者がいるなどの一定の基準を満たすことが必要です。２０１６年4月現在、既に25生協（事業連合、日本生協連含む）がこのマークを取得しています。

組合員活動分野については、多様な人びとが参加できる生協組織を考えていく上で男女共同参画の視点も必要であるとした上で、今後は、①若い世代、子育て世代に向けた取り組み、②シニア世代の男性の参加に向けた取り組み、③組合員が組合員活動や地域で活躍していくために主体的な力を高める取り組みを、男女共同参画の視点も持って取り組むとしています。

生協の経営にも多くの女性が参加しています。日本生協連理事会は、１９９７年に女性理事枠を2人から8人に増員し、２０１５年度の女性比率は22％となっています。

9．障がい者雇用の取り組み

全国の生協では、働きたいのに働くことが困難な障がいがある人たちを受け入れるための職場環境を整備し、多様な働き方を支える仕組みづくりを進めています。特に生協の場合は、特例子会社、農業生産法人で障がい者の雇用を促進している事例が多く見られます。

【コラム】――生協の障がい者雇用の取り組み事例

特例子会社*1や農業生産法人を立ち上げ、障がい者の自立支援と雇用促進を行う大阪いずみ市民生協では、さまざまなノウハウの共有に加え、相互に連携することで、障がい者のステップアップが可能な体制を整えています。２０１０年に設立、２０１１年に特例子会社に認定された㈱ハートコープいずみは、大阪いずみ市民生協の店舗や宅配のセンターから、カタログや牛乳パックなどの資源ゴミを回収してリサイクル業者に販売する「資源ゴミ加工・販売事業」や、食品残渣《ざんさ》による堆肥の製造・販売などを行っており、「スタッフ社員」と呼ばれる健常者と共に「メンバー社員」という障がい者が協同しています。

また、２０１０年に立ち上げた農業生産法人の㈱いずみエコロジーファームも、２０１２年に就労継続支援A型事業所*2の「ハートランド事業部」を設置し、障がい者の雇用機会の拡大に取り組んでいます。同事業部では、前述した㈱ハートコープいずみで製造された堆肥を用いて農産物を生産していますが、農産物の生産だけでなく検品や袋詰めなどの加工作業を、障がい者も一緒に担っているのです。

＊1　特例子会社　企業や地方公共団体などには障がい者の雇用が義務付けられているが、一定の条件を満たした子会社の障がい者雇用数を、グループ全体の雇用分として合算できる。

＊2　就労継続支援A型事業所　企業に雇用されることが困難な障がい者に、就労や生産活動の機会を提供する事業所の一つ。A型は雇用契約を締結して最低賃金を保障する他、社会保険の加入も義務付けられている。

10. くらしの助け合いの取り組み

くらしの協同の活動として

生協の福祉活動は、組合員のくらしの協同と助け合いの精神が発展して生まれ、自発的な助け合いを通して、少子高齢・人口減少社会における地域福祉への貢献をしています。くらしを守るための助け合いの組織として、生協がますます役割を果たしていくことが期待されている分野です。

1986年に出された厚生省（現・厚生労働省）の「生協のあり方に関する懇談会」の報告書では、「とくに高齢者のための福祉活動においては、今後急速に到来する高齢化社会において、地域における自主的な相互組織である生協の果たす役割はきわめて大きいものがあり、その積極的な展開が期待される」として「幅広い生活文化活動の展開」を生協に求めました。

この間、日常のくらしに手助けが必要な組合員、あるいは子育て中の組合員のために、食事づくりや掃除などの家事援助を行う「くらしの助け合いの会」や「おたがいさま」の活動が、全国の生協に広がっています。組織形態は、会員制を取っているところがほとんどで、援助する会員と援助を受ける会員とがそれぞれ登録しています。一定時間の援助作業には若干の謝礼が支払われていますが、援助する会員にとっても、この時間は「老い」や「障がい」について学ぶ機会となっています。また、ワーカーズ・コレクティブ＊やＮＰＯ法人による活動もあります。

これら生協に関わる助け合い活動は、介護保険法改定による高齢者の家事援助や通院介護へのニーズの高まりもあって、大きく伸びており、２０１４年度には全国の63生協と事業連合・生協関係のＮＰＯ含め合計93組織で、１０２万１４０２時間が取り組まれました。

また最近では、電球の交換やゴミ捨てなど、日常生活でのちょっとした困り事を、お手伝いする有償ボランティア「ちょボラ」などの取り組みも広がっています。

＊ワーカーズ・コレクティブ　住民が共同で出資し、対等な立場で経営に参加しながら地域社会に必要なものやサービスを提供している組織。

ボランティア活動として

生協の組合員による老人福祉施設や医療機関での介護のお手伝いや、高齢者や障がい者が店舗で買い物する際の支援、視力障がいがある組合員のための「声の商品案内」などの録音サービス、点字や手話のサークルなど、多彩なボランティア活動が広がっています。

地域の高齢者に、生協の施設などを使って開催している食事サービスの取り組みは、「交流を中心とするふれあいお食事会」と「生活援助としての配食サービス」の2つが行われています。食事と共にレクリエーションや学習会などで楽しい時間を過ごすお食事会は、世代を超えてコミュニケーションを深める場となっています。また、配食サービスは食事の援助だけでなく、外出が困難な高齢者や障がい者と触れ合える機会をつくり、安否や体調を確認するなど、くらしを見守ることにもつながっています。2014年度には、この2つの取り組みを合わせて、21生協で41万3005食が調理され提供されました。

地域の高齢者を対象にして、身近な場所に集まってもらい、おしゃべりや趣味などを通して、気楽に楽しく集う場をつくり、人と人とのつながりを広げる「ふれあいサロン活動」も全国に広がり、そこは福祉サービスの情報交換の場にもなっています。2014年度には、21生協で延べ2088回開催され、2万3163人の方が参加しました。

生協の店舗のイートインスペースや団地の集会室などで、誰でも参加できるオープンなサロンも開催されています。地域の民生委員や社会福祉協議会などとネットワークを組みながら、組合員だけでなく、高齢者を独りぼっちにさせない取り組みが広がっています。

11. 平和と国際交流・協力の取り組み

生協の平和活動（ピースアクション）

日本生協連は、1951年の創立宣言で、「われわれ協同組合運動者は第2次世界大戦の惨禍を自覚し、（中略）平和と、より良き生活こそ生活協同組合の理想」と述べています。この創立宣言でうたわれた平和志向は、賀川豊彦《かがわとよひこ》初代会長の強い意思を反映したもので、その後「平和とより良き生活のために」というスローガンとして掲げられ、今日の生協における平和の取り組みの出発点となっています。

1954年3月1日、太平洋のマーシャル諸島で行われたアメリカの「ビキニ実験」により、多くの漁船が被ばく*しました。その中の一隻が、日本のマグロ漁船「第5福竜丸」です。この実験を受けて、放射性物質による影響について広く知られるようになり、その後の多くの生協が参加する核兵器廃絶に向けた取り組みのきっかけになりました。

全国の生協では、くらしの中から平和への想いを考え語り合う活動が、原爆展、戦争展、被爆の証言や戦争体験を聞く集まり、戦争に関する資料館や戦跡・基地めぐり、平和に関する学習会や映画上映会、コンサートやつどいなど、さまざまに取り組まれています。特に近年は、自分の住んでいる地元の戦跡訪問、自治体の平和への施策についてのしらべ活動、被爆の証言の聞き取り活動、戦争体験集づくりなど、地域ごとに創意工夫を生かした取り組みが行われています。被爆・終戦70年にあたった2015年には、全国1659カ所で多彩なピースアクションが展開され、約92万人の組合員の参加がありました。

毎年8月には、全国各地から多くの組合員が広島と長崎に集い、「ピースアクション in ヒロシマ・ナガサキ」に参加し、原爆資料館や平和公園の見学、被爆者の証言、碑めぐりなどの取り組みを通して、現地で直接被爆の実相に触れ、核兵器廃絶への想いを広げています。また、全国の組合員が参加する「沖縄戦跡・基地めぐり」も毎年行われています。

こうした活動のテーマも、核兵器廃絶や戦争に反対する取り組みに加え、今日的な課題である難民、飢餓、貧困など幅広くなっています。

終戦から70年を経て、被爆・戦争体験者の高齢化の問題があります。被爆・戦争体験を次世代に引き継いでいくことが重要になっており、記録を残す活動なども行われています。また、国際的な取り組みとして、5年ごとに開催される「NPT（核拡散防止条約〔核兵器の不拡散に関する条約〕）再検討会議」の機会に、核兵器廃絶を求める署名活動を行っています。同会議が開かれた2015年4月にも、全国の生協の代表団91人を被爆者と共に、国連本部のあるニューヨークに派遣しました。

＊一般的に、「被爆」は原爆などによる直接的な被害を、「被ばく」は放射線にさらされることを指す。

国際交流・協力の取り組み

生協は、さまざまな国際交流・協力の活動を行っていますが、中でもユニセフ（国連児童基金）への協力活動は、全国の生協で幅広く取り組まれています。

ユニセフは、第2次世界大戦で被災した子どもたちの緊急援助を目的に、1946年の第1回国連総会で設立され、その後活動の重点を開発途上国の子どもたちを対象にした国際組織（国連総会の補助機関）です。現在では、世界の150以上の国と地域で、子どもたちの生存と健やかな発達を守るため、保健・栄養・水と衛生・教育などの支援事業を行い、資金は全て国連加盟各国政府と民間からの拠出で賄われています。

日本の生協がユニセフに協力したのは、1979年の国際児童年に、ユニセフからのアピールを受けて、国際協同組合同盟（ICA）が世界の協同組合に呼び掛けた「バケツ一杯の水を送ろう」運動に応えて募金に取り組んだのが始まりです。その後、1984年の日本生協連通常総会でユニセフ支援を全国的な活動として取り組むことが確認され、本格化しました。

ユニセフ募金は、幅広い支援活動に使われる「一般募金」、自然災害や紛争などの緊急事態の支援に使われる「緊急募金」、東ティモールやミャンマー、アンゴラなどを対象に実施している、支援する国とプロジェクトを支援者が選び募金の使途を明確にする「指定募金」の3種類があります。

各地の生協では、宅配のOCR用紙を利用した募金の呼び掛けや子どもたちのお年玉募金、カレンダー募金、ハンドインハンド（街頭募金）、バザー、チャリティーイベントなどさまざまに工夫を凝らしています。これらの取り組みの結果、1984年の活動スタート以来の生協の募金総額は、2015年には80億円を超えました。また、トイレットペーパーのコアノンや牛乳の購入1点につき1円の寄付を行う、商品を通じた募金活動も行っています。

こうした募金活動にとどまらず、困難な状況にある世界の子どもたちや女性の置かれている状況を学び、それを多くの人に伝える活動や、開発途上国におけるユニセフの活動を視察するユニセフ・スタディツアーの実施、同ツアーに参加した組合員による自生協での報告会、ユニセフのつどいなども行われています。

12. 防災・復興支援などの取り組み

緊急時の物資協定の取り組み

防災の分野における地方自治体との連携の取り組みとして、「緊急時における応急生活物資供給等に関する協定」の締結があります。この協定は、オイルショックの時に起こった物不足や狂乱物価への対策として1980年代に灘《なだ》神戸生協（現・コープこうべ）が神戸市や尼崎《あまがさき》市と締結していたもので、阪神・淡路大震災発生直後に発動されパニックを防いだことが高く評価されました。これを契機に各地の生協でも同様の協定を締結する動きが広がり、東日本大震災での全国からの支援物資の提供につながりました。この「緊急時の物資協定」は２０１６年３月現在、全国７２２の地方自治体との間で締結されています。

こうした協定が緊急時に有効に発動されるよう、各地の生協は、それぞれの地方自治体との定期協議、指定物資の日常的な在庫管理の報告や緊急通行車両の事前届出を行うとともに、自治体主催の防災訓練にも積極的に参加し緊急時に備えています。

復興支援・ＢＣＰ*への取り組み

地震や台風などの大規模な自然災害発生時に、国や地方自治体の役割が大きいことは言うまでもありませんが、日頃から災害に備え、万一の時の復旧を進めるには被災地の住民が協力し合い、地域を挙げて取り組むことが必要になります。さらに被災地に隣接する地域を含め、全国の心ある人たちの支援も大きな力となります。

日本の災害ボランティアの原点は、阪神・淡路大震災にあるといわれており、全国の生協からも約１万人が支援に駆け付けました。生協はこの時の経験を基に、新潟県中越地震、東日本大震災などの復旧支援活動に参加し、さまざまなＮＰＯやボランティア組織と活動を行いました。この活動を通じて、支援を効果的に進める上ではネットワークが大きな意味を持つことが確認され、生協はこれらの団体との日常的なネットワークづくりに取り組んでいます。

東日本大震災での被災地・被災者支援においては、被災地の生協を中心に、全国規模での協力は言うまでもなく、さまざまな支援団体・社会福祉協議会・行政との協力活動が飛躍的に進みました。被災地の生協と全国の生協は、地域のニーズの掘り起こしと具体的な対応策の組み立て、そして実際の支援活動を、いろいろな団体と手を組んで行っています。

また、各地の生協では被災地との交流を通して自然災害発生時の経験を学び、防災活動の裾野を広げる活動にも取り組んでいます。組合員がリーダーとなってマップシミュレーションを担うなど、組合員を地域の防災リーダーとして育成する取り組みも広がっています。なお、このマップシミュレーションは、国連国際防災戦略（ISDR・本部・ジュネーブ）発行の「民間企業による優良防災事例集2008」で紹介されました。

さらに、今後の大規模災害においても生協全体で一層の社会的役割を発揮していけるよう、2014年4月、「大規模災害全国生協連携計画（全国生協BCP（3版））」を確定しました。大規模災害発生時、迅速で適切な支援を行うとともに、組合員・消費者への商品供給を可能な限り維持・継続していくための準備を進めています。

＊ＢＣＰ Business Continuity Plan 事業継続計画。

第4章

生協の運営の基本

1. 生協の運営の仕組み

生協の機関

生協の日常的な運営の中で「機関運営」、「機関会議」という言葉をよく耳にすると思います。第1章「協同組合・生協とは」で株式会社との違いを含めて説明したように、法律上、人間と同じように権利能力（所有権や債権・債務など法律上の権利・義務の主体となることができる資格）を認められた組織体を「法人」といいます。生協の「機関」は、この法人としての生協の意思を決定したり、決定された意思を執行に移したり、意思決定や執行状況を監視したりするために、生協の内部に置かれるものです。

言葉のイメージからいうと、多数の人間の集合体というようなやや大げさな感じがありますが、機関は個人の場合もあれば、会議体の場合もあります。生協の機関としては、「総会」、「総代会」、「理事会」、「代表理事」、「監事」がありますが、代表理事や監事は個人としての機関であり、総会や総代会、理事会は会議体が機関となっています。また、代表理事以外の理事は機関ではなく、機関である理事会の構成員と位置付けられます。なお、理事会に出席する理事と監事のことを、生協法では「役員」と呼んでいます。

生協の各機関の具体的な職務・権限や総会・総代会・理事会の運営については、生協法やいくつかの政令・省令などで定められています。各生協ではこれらの法令に従って、定款・規約などの自主ルールを定めています。

役員の義務と責任

理事や監事などの生協の役員は、機関として、あるいは機関の構成員として、生協の運営を担う役割を果たしています。この役員と法人としての生協はどのような関係にあるのか、そして、その関係によって負うべき義務と責任にはどのようなものがあるのかなどについて、少し見てみましょう。

生協と役員の関係について、生協法では「組合と役員の関係は、委任に関する規定に従う」と定めています。つまり、生協と役員とは委任関係にあり、民法の委任に関する規定が適用されるということです。

民法には、「受任者は、委任の本旨に従い、善良な管理者の注意をもって、委任事務を処理する義務を負う」という委任に関する規定があります。この規定によって委任を受ける側が負うべき義務のことを「善管注意義務」といいます。「善良なる管理者の注意」とは、物や事務を管理する職業や地位にある人として、一般的に必要とされる程度の注意を意味しています。生協の理事や監事は、事業体の経営や業務に携わる者として、一般的に必要とされる程度の注意を払わなければならないのです。

また生協法では、「理事は、法令、定款及び規約並びに総会の決議を遵守し、組合のため忠実にその職務を行わなければならない」と定めています。これは「忠実義務」と呼ばれており、役員という地位を利用して、自分の利益を図るようなことはせず、私心を去って生協のために忠実に職務を遂行しなさいという意味です。理事は生協に対して、善管注意義務と忠実義務を負いますが、この二つは一体的に理解することが適切です。

さらに生協法では、「役員は、その任務を怠ったときは、組合に対し、これによって生じた損害を賠償する責任を負う」とも定めています。つまり、役員がその職務の遂行に当たって、善管注意義務と忠実義務に違反して、生協に損害を与えた時には、役員は生協に対して損害賠償責任を負います。ただし、役員の責任は「職務の遂行に当たって」義務を果たしたかどうかが問われるのであって、いわゆる結果責任ではないということです。例えば、事業が失敗し赤字になり生協に損害を与えても、その職務の執行の過程で義務違反がなければ、道義的責任や経営責任は別として、法的責任は問われません。

そして生協法では、「役員がその職務を行うについて悪意又は重大な過失があったときは、当該役員は、これによって第三者に生じた損害を賠償する責任を負う」とし、その典型例として「決算関係書類の重要事項の虚偽記載」などを明示しています。つまり、粉飾決算などのような、役員として果たすべき任務への悪意や重大な過失による違反があれば、第三者に対する損害賠償責任を負うことになります。なお、この場合にも、責任が問われるのは「職務の遂行に当たって」義務を果たしたかどうかであって、いわゆる結果責任ではありません。

なお、粉飾決算などの際の非常勤理事の責任については、その事実を知らず、粉飾決算が巧妙に行われて公認会計士の監査などでも発見が難しいようなケースでは、非常勤理事が適切な注意を払っていても発見できなかったと認定されるのが通例です。

総（代）会

生協は、組合員が「出資し、利用し、運営に参加する」ことに最も基本的な特徴を持っていますが、理念としてだけではなく、制度としても、そのことを保障する仕組みを備えています。
総会は、組合員全員により構成される会議体であり、生協という法人の意思を決定するための機関として必ず設置し、毎事業年度1回招集しなければなりません。ただ、一定規模以上の生協の場合には、総会を開いてもあまりに参加者数が多くなり、十分な議論が困難となるため、「500人以上の組合員を有する組合は、定款の定めるところにより、総会に代わるべき総代会を設けることができる」（生協法第47条）ことになっています。現在、ほとんどの生協は総代会を設置しています。

総代会の構成員は総代です。総代は組合員の代表として総代会に出席し、決算の承認や事業計画・予算の決定などに参画する重要な役割を負っています。そのため、定数、任期などについては定款に記載しなければなりません。総代の選出についても、定款または規約で選挙手続きについて定め、組合員のうちから選挙によって選出することが必要です。

このように総（代）会は生協にとっては、国で言えば国会にあたる最高の意思決定機関であり、定款の変更や規約の設定・変更・廃止などの組織運営の基本事項、解散・合併などの組織自体の存立に関する事項、決算や事業計画・予算などの毎年度の事業の大枠に関する事項について決定するとともに、役員を選挙・選任する役割を持っています。

ですから、その招集や運営に当たっては、法令・定款や各生協の総（代）会運営規約などで定められたルールに従って、適切に実施されなければなりません。

総代会は普通1日で行われますが、生協の取り組みが多様に発展し、事業規模やエリアの拡大が進む中で、限られた時間の中だけでは、総代会の議決に組合員の意思を十分反映させることが難しくなってきています。そのため各生協では、事前に議案書やそのダイジェスト版を組合員に配布し、「地区別総代会」や地区別の議案説明会を開催して、組合員の議案に対する理解を深めたり、意見要望を集約するなどの取り組みが広く行われています。

また、総代会当日の議案説明も、常勤役員が一方通行的に文書を説明し提案するのではなく、組合員理事がプレゼンツールや画像などを使ってわかりやすく報告したり、予算書・決算書などでは注をつけて専門用語を解説するなどの工夫が行われています。さらに、当日の総代発言では、議案に対する質疑や意見だけでなく、組合員の取り組みの多彩な具体例を、生き生きと紹介する生協が多くなっています。

理事会・代表理事

理事会と代表理事は、総（代）会の決定に基づく業務の執行に携わる機関です。

理事会は、生協の財産管理を含む業務執行全般に関する重要な事項を決定するとともに、代表理事による業務執行の状況を監視・監督する、生協にとって必須の機関です。

総（代）会は基本的には年1回しか開催されないため、理事会が生協の日常運営の要になります。理事会の開催頻度については、法律上の規定はありませんが、実際の運営では、月次単位で事業や経営の状況をチェックできるよう、月1回程度の頻度で開催するのが望ましいと考えられています。

理事会は全ての理事で構成される会議であり、全理事が出席し、議決に参加することになります。また監事も理事会に出席し、必要があるときは意見を述べることが義務付けられています。

事業環境やくらしの変化のスピードが速まる中で、生協全体のガバナンスを担う理事会の機能強化が必要です。特に組合員の参加との関係では、多様化する組合員の声を集約し、判断に生かす仕組みを、生協全体として強めておかなければなりません。

多くの生協では、非常勤の組合員理事が理事会構成の多数を占めています。組合員理事の役割は第一義的には、理事会において日常業務執行に対する監視・監督を行い、組合員としての経験を生かして、組合員の視点で生協の基本政策や重要な意思決定に参加することです。組合員理事は理事会の一員として、組合員が行う活動の方向性について、理事会方針との整合性を図る役割も担います。以前は、組合員理事が選出地域での組合員活動のリーダーとしての役割を担う場合が多く、理事としての第一義的な役割への意識が薄くなる状況も見られました。しかし、生協のガバナンス強化の取り組みの中で、組合員理事の役割も整理され、現在では地域の組合員活動のリーダーを別に設定し、理事としての役割が第一義的に位置付けられるような生協もでてきています。加えて、組合員理事が理事会の一員として、本来の任務が有効に果たせるように、政策決定や判断の能力を高める育成プログラムの実施を進める必要があります。

理事会の監督の下で実際に業務執行に当たるのが代表理事です。改正前の生協法では理事全員に代表権がありましたが、改正生協法では代表理事だけに代表権があり、それ以外の理事には代表権がありません。代表理事の人数は法令上特に制限がありませんが、理事長、専務理事など数名とするのが通例です。ただ、常務理事などの他の常勤役員が代表理事となっていない場合でも、決裁規定などを通じた権限委譲により特定の事項について、生協を代表して契約を結んだりすることに問題はありません。

代表理事は理事会で選任され、生協の業務に関する一切の行為をする権限を持っています。そのため、代表理事は理事会で決定された事項についてはその決定に従って、理事会議決事項でない日常業務に属する事項については自ら判断しつつ、生協の業務を執行します。業務執行の状況については、理事会に都度報告し、監督を受けることが必要です。

監事

監事は、組合員の負託を受けた独立の機関として理事の職務の執行を監査することにより、組合の健全で継続的な成長を確保し、社会的信頼に応える良質なガバナンスを確立する責務を負っています。

監事監査の内容を大別すると、業務監査と会計監査があります。「業務監査」は、理事の善管注意義務・忠実義務の履行状況を対象とした監査です。「事業報告書及びその附属明細書」は適正か、理事の職務執行について、法令・定款に適合しているか、善管注意義務・忠実義務に違反していないかなどについて意見表明を行うために実施します。

「会計監査」は、理事の報告義務の履行状況を対象とした監査です。決算関係書類やその附属明細書が、「生協の財産及び損益の状況」を全ての重要な点において、適正に表示しているか否かについて意見表明をするために行います。

監事は、理事の職務執行の監査を行うため、理事や職員に対する報告請求権、業務財産調査権、理事会招集請求権などの幅広い権限を有しています。他方、善管注意義務や理事会出席、理事会・総代会への報告義務などさまざまな義務を負います。

監事が制度上の要請に応えて監査業務を十全に行っていく上では、監事監査の環境整備が不可欠です。監事監査の環境整備に努めることは、監査業務と並ぶ監事の重要な職務であり、監事が主体的に取り組むことが必要です。しかし、監事監査の環境整備には理事や理事会の理解と協力も不可欠であり、監事の職務の執行のために必要な体制の整備に留意することは、理事や理事会の義務でもあります（生協法施行規則第58条第2項）。

日本生協連では、2011年11月9日に、「監事監査の環境整備に関する指針〜地域生協向け」を公表しています。その前文で、生協のガバナンスと理事・監事の職責、監事の職務と環境整備の義務、監事監査の環境整備の進め方について触れ、具体的課題として、「1．監事体制等（監事会、監事構成、常勤監事、選出方法、監事報酬、監事スタッフ）」と「2．その他の監事環境（基本的考え方、代表理事と定期的会合、監事への報告体制等、内部統制・内部監査、公認会計士等監査、生協と子会社等から成る組合集団全体の監査環境の整備）」に分けて基本的な考え方を示しています。この指針を活用して、理事と協力し監査環境の整備を一歩ずつ進めていく必要があります。

監事は一人ひとりが独立した監査機関です。監事の職務は、理事の職務遂行について監査することなので、理事から独立していなければなりません。生協法では、監事と理事、監事と職員との兼任を禁止していますが、これは監事の独立性を保障するためです。また、監事は他の監事からも独立し、自らの判断で監査を行い、意見を述べることができます。理事会は民主的な討議を保障しつつ最終的には多数決で議決していきますが、監事は各人の意見を多数決でまとめることが許されません。1人だけ意見が違っていても、その意見を述べる権利が保障されています。そうはいっても、規模の大きい生協の監査は1人では難しく、複数の監事が認識を共有し協力し合って進めることが必要です。多くの生協では監事会を設けて、監事の独立性を保障しつつ、各監事の情報や見解を共有することで、監事全体として生協の監査を適正に行うように努めています。

組合員の直接請求権と訴権

生協の機関運営は総（代）会、理事会、代表理事、監事の各機関が、本来の役割をきちんと果たすことで、適正に行われるのがあるべき姿です。しかし、各機関がうまく機能せず、不適正な運営が行われるケースもあり得ます。生協法では、そうした場合に、組合員自身のイニシアチブで是正を促すことができる補完的な制度として、「直接請求権」と「訴権（訴えを提起できる権利）」を保障しています。

組合員による直接請求権は、一定数の組合員や総代の同意が必要とされているため、「少数組合員権」と呼ばれる場合もあります。生協法において設けられている直接請求権は次の5つです。①会計帳簿・書類閲覧請求権、②臨時総（代）会招集請求権、③役員解任請求権、④行

政庁検査請求権、⑤総（代）会決議等取消請求権。

組合員による訴権の主なものは次の3つです。①総（代）会の決議等の効力を争う訴訟（不存在確認の訴え、無効確認の訴え、取消の訴えなど）、②役員責任追及訴訟（役員に対し生協に与えた損害の賠償を求める訴訟）、③理事の不正行為等の差止請求訴訟。

2．生協の組合員組織

生協の活動への組合員参加

生協の活動に組合員が参加する場合、いくつかのステップが考えられます。

最も基本となる参加の形は、出資金を拠出して生協に加入し、生協の事業を利用し、剰余金による出資配当や利用高割戻しを受け取ったりする参加の仕方です。

事業を通してくらしの協同を進める生協にとっては、組合員のくらしのニーズに応えた商品とサービスの提供により、組合員数と事業高が年々増加していくことが、生協への組合員の参加と支持のバロメーターとなります。

これより、出資・利用以外の参加について見ていきます。

生協の事業プロセスへの参加

これは組合員の一人ひとりが日常の店舗や宅配といった事業の利用の現場、商品開発の過程などで、意見や情報を出し合っていくことを意味します。この組合員の事業プロセスへの参加は、生協の事業における大きな強みであり、それを生かすためには、組合員の声が生協の事業の改善につながるように、生協の業務の仕組みを組み立てることが必要です。

商品の学習と普及の取り組みや、産直事業での生産者との交流にも毎年多数の組合員が参加しています。商品を通じて学び合い、意見発信を進めることが生協の事業プロセスへの組合員参加の大きな特徴です。

組合員の関心に基づく活動への参加

社会やくらしの変化を踏まえ、組合員が自らの問題意識に基づいて仲間をつくり、多様なテーマで取り組んでいる自主的な活動に参加することです。その一方で、生協は日本最大の消費者組織として、消費者市民社会づくり、食品の安全、環境保全、食育など、社会的に重要なテーマにも取り組んでいます。例えば、食品の表示や添加物などの学習で理解を深め、食品の安全についての法制度の整備を目指す活動などが挙げられます。それぞれのテーマの活動への組合員参加は、あくまで自主的なものであることが前提です。

これらの活動は、生協内だけで完結するものではなく、地域社会における人びとや他団体とのつながりが協同の基盤を生み出す働きを持っています。

組合員の代表として生協の意思決定に関わる

生協の意思決定に、組合員の代表として関わるという参加の仕方があります。事業を通じて組合員のくらしの向上を図るという目的を実現するために、生協にはいくつかの機関が設けられ、組織として意思決定をしています。これらの機関に組合員を代表して参加し、生協の政策や方針の決定に関わっていくのです。例えば、総代として総代会に参加したり、組合員理事として理事会に参加したりして、生協の事業や活動の方針決定に直接関わることができます。また、必ずしも機関ではありませんが、生協には理事会をサポートする各種の委員会などがあり、生協としての政策形成や意思決定を支えています。これらの委員会に委員として参加し、活動することも広い意味では生協の意思決定への参画といえるでしょう。

組合員には生協から経済的・文化的メリットを享受する権利があり、これを組合員の「自益権」と呼んでいます。また、組合員が生協の構成員として生協の運営の中で、政策形成や意思決定に参加する権利を、組合員の「共益権」と呼びます。つまり、組合員は生協の構成員としての、自益権と共益権を行使しながら、生協の運営にいろいろなレベルで参加しているのです。

ネットワーク型組織の充実

女性の就業率の向上、IT化の進展、地域コミュニティの変化などにより、「社会参加」のあり方は変化してきています。従来からの町内会やPTAなどに加えて、行政の手の届かないきめ細かな課題に携わるNPO法人や市民の活動、ITを活用した運動やコミュニティビジネスなどが注目されています。企業による社会貢献活動の活発化なども含め、社会の課題とくらしの関心に応じた参加型ネットワークが広がりを見せています。これからの組合員参加を考える場合、この組合員を取り巻く多様な参加型ネットワークとの関係や、それらと比較した場合の生協の活動に参加する魅力の強さと弱さを見ていく必要があります。

この間、多くの生協で、ピラミッド型の階層的組織構造から各種の委員会やグループ・サークル、研究会などのネットワーク型組織への運営転換が進められてきましたが、くらしをめぐる社会環境の変化はスピードを増しており、生協の組合員組織も常にネットワークとして動き、機能し続ける組織運営が必要になっています。

組合員の自主的な参加による活動スタイルとし、若い世代の組合員との関わりを創り出すために、「指導型」や「お世話型」ではない、活動支援のあり方とそれを担う次世代リーダーの育成が課題となっています。その課題達成のためには、生協内部の資源だけにとらわれずに、NPOやコミュニティビジネスなど外部の情報も積極的に取り入れていく必要があります。

組合員組織の変化

日本の生協は1960年代以降、コープ商品の利用や共同購入の班づくりを通して、団塊の世代の女性たちが子育てをはじめとしたくらしの経験を交流し合い、社会参加する貴重な場として役割を発揮してきました。とりわけ班組織を通じた組合員参加は、日本の生協の優れた特徴として世界の協同組合の注目を集め、国際協同組合同盟（ＩＣＡ）からも参加型民主主義のモデルとして高く評価されました。

１９８０年代には、この班を運営の基礎組織とし、地区ごとの班長会や地区別の委員会、それらを全体としてまとめる運営委員会とテーマ別の専門委員会、そして理事会という組織運営の構造が代表的な様式でした。総代は、班長の中から地区ごとの会議で選ばれるのが一般的で、店舗を持つ生協では、新規出店の際に地区ごとにあらかじめ所属する班を指定し、全組合員を班に所属させる方式や、利用高割戻し上の特典などを付けた店舗班づくりが取り組まれたりしていました。

しかし、１９９０年代以降の日本の社会と組合員のくらし、そして生協自身が変わる中で、生協の組合員組織の機能や役割も大きく変化してきています。

とりわけ組合員のくらしとの関わりで見た場合、少子高齢化、女性の就業率の向上、世帯構成の変化（単身・二人世帯の増加）、ＩＴ化の進展に伴う情報やコミュニケーションスタイルの変化、地域コミュニティの弱体化と新たなコミュニティによる問題解決への期待、市民参加型の社会システムの進展などが、生協の社会的役割や組合員の活動への参加を考える上で大きく影響しています。

また、生協の組合員構成としては、組合員の高齢化と若い世代や子育て世代への浸透の不足、班に属さない組合員の比重の高まりなどの変化があります。

さらに、事業高や地域での組合員加入率の増加と社会的役割発揮を通じた生協の社会的ポジションの高まりがあり、それと比例して生協の社会的責任が厳しく問われる度合いも増してきました。

２００６年９月、日本生協連の組合員組織政策検討委員会は、「これからの生協における組合員参加と組織のあり方に関する提言」をまとめ、方向性を提起しました。この提言では、「組合員の生協への参加」を、商品やサービスの利用やさまざまな活動の場面への参加の視点から幅広くとらえ、「参加」を広げ豊かにしていくための課題を整理しました。

①事業プロセスへの参加
②組合員の関心にもとづく活動への参加
③意思決定と機関運営への参加
④参加を促進し、支援する機能の強化

これを受け、全国の生協では、幅広い「参加」の場面を大切にした取り組みを進めました。

２０１４年６月、日本生協連の小委員会「これからの組合員リーダーづくり検討会」は、報告書「これからの組合員リーダーづくり〜元気な活動と組織をつくり、参加を広げるために〜」をとりまとめ、発行しました。この報告書では、活動の担い手・リーダーが生まれる道筋として、「元気な活動と組織」から「活動の担い手」が生まれ、「活動のリーダー」が育ち、そこから生み出される活動によって「元気な活動と組織」がつくられるとしています。この好循環を機能させていくことが必要です。そのための課題として「活動の担い手・リーダーづくりについての考え方を整理し、方針を持つこと」、「組合員活動への支援体制を確立すること」、「『活動の担い手』と『活動のリーダー』本人へ支援のしくみを整備すること」を挙げており、これらは、多くの生協に共通する課題です。

地域社会づくりへの参加と組合員組織

「日本の生協の２０２０年ビジョン」（Ｐ・２４２参照）では、地域社会で役割を発揮できる組合員組織を目指すことを掲げました。

生協は、これからも地域からの期待に応え続けるために、さらに積極的に役割を果たすことが求められています。

地域での活動は、生協だけで完結できるものではありません。普段のくらしの課題への取り組みは、行政や社会福祉協議会、ＮＰＯなど地域の諸団体と連携したり、協力し合ったり、支援し合ったりして広げていくことが必要ですから、生協が地域のネットワークの一つになるという視点が重要です。

組合員組織としては、地域社会の一員である組合員自らの「気付き」を大切にしつつ、「地域社会づくりへの参加」について生協全体ならびに地域ごとに方針を持ち、恒常的な窓口となる体制を整備するなど、地域とつながるための「しくみ」も整備し、比較的具体化しやすい地域やテーマから連携・貢献の事例を広げていくことが大切です。

3．生協の経営管理

社会的責任経営の確立

生協はこれまでも社会的責任経営の確立に努力してきました。1999年に日本生協連は「生協の機関運営ガイドライン」を策定し、社会的存在としての社会性、組合員参加の民主性を生協の運営に確立すべきであるとして、機関運営を中心に諸制度と運営のあり方についての指針を示しました。

2003年には、「生協におけるコンプライアンス経営を促進するために」の報告が作成されました。当時も食品偽装や企業の不祥事が多発して、消費者の信頼が揺らぎ社会問題となる中で、生協も社会の信頼と組合員の期待に応え続ける組織であるために、法令遵守を基本としたコンプライアンス経営を確立させなければならないとの認識が示されました。これらの指針を基に、その後全国でコンプライアンス経営確立が進められました。

2007年の生協法改正時には、組織運営の健全性を高めるために、理事会の制度化および監事の権限の強化、役員の責任の明確化などと並んで、開示制度の充実、大規模生協における員外監事などの第三者関与の義務付け、組合員の直接請求権の強化などが行われました。

しかし、生協は、2008年の「CO・OP手作り餃子重大中毒事件」において事業者としての責任を厳しく問われました。食品の安全は全ての消費者にとっての権利と願いであり、生協はどこよりも消費者の立場から食品の安全と安心に真摯《しんし》に向き合っていかなければなりません。

それ以外にも事業者の社会的責任は、さまざまな局面で問われるようになっています。地球環境や生物多様性の問題が深刻化する中で、生協は再生可能エネルギーの活用、地球環境や生物多様性に配慮した商品の開発などにも取り組んでいます。開発途上国で栽培された作物や製品を適正な価格で継続的に取引することによって、生産者の持続的な生活向上を支える、「フェアトレード」の取り組みも始まっています。人や社会・環境に配慮した消費行動(倫理的消費、エシカル消費と呼ばれています)への関心も高まっています。生協も事業者として、今後さらに高い水準で求められる社会的責任に応えていかなければなりません。

生協の財務と会計

生協は、組合員の拠出した出資金を原資として事業を行っており、その事業活動を会計情報として表したものが決算関係書類です。つまり、組合員からの出資金を基に、どのような事業活動を行い、その結果としてどのくらいの剰余を生み出したか、また、剰余を組合員に還元しつつ、事業基盤の構築のためにどのように充当しているかを表したものです。

決算関係書類は、貸借対照表、損益計算書、剰余金処分案または損失金処理案で構成され、作成することが義務付けられています。

貸借対照表は、ある時点（通常は期末）における生協の財政状況を表したもので、資産と負債および純資産から構成されます。これに対して、損益計算書は、生協の経営成績を明らかにしたもので、事業年度ごとに生協の事業から得た収益から、それに対応した費用を差し引くことにより剰余を示しています。また、剰余をどのように使用するか、または損失をどのように補填《てん》するかを総（代）会に提案するために作成されるのが剰余金処分案または損失処理案です。

さらに、決算関係書類の内容をより詳しく報告するため、決算関係書類の附属明細書を作成することも義務付けられています。

株式会社と類似の購買事業を行いながら、法人としての性格が異なる生協の会計処理については、従来の生協法ではあまり整理されていませんでした。このため適正な会計処理を行うために、日本生協連では専門家の意見を踏まえ、１９８５年に生協の自主基準として、「生協会計基準」を設定しました。この基準はその後、生協を取り巻く経営環境などの変化による影響を受け、従来にない会計基準の導入を含め4回の改定を行い、会計に関する国際的な動きの影響も強く受け、大企業とほぼ同等のレベルにまでなりました。

２００７年の生協法の改正に伴い、翌年に生協法施行規則が改正され、生協の会計ルールが法令により定められました。これを受けて、生協会計基準は役割を終えたとして廃止されましたが、生協法施行規則の改正には生協会計基準が大きな影響を与えました。

生協の事業活動の状況は、これらの決算関係書類とその附属明細書に詳細に表現されるため、これらの書類を適正に作成することが、生協としての経営管理の基礎となります。決算の粉飾などが許されないのはもちろんのこと、作成された決算関係書類とその附属明細書が生協の状況を正しく表しているかどうかについては、監事や外部の専門家の監査を受けて確認されることが必要です。その上で、決算関係書類に表された生協の財政状況や経営成績の内容を点検・

分析することによって収益性や安全性を評価し、理事会を軸に経営のかじ取りを進めていかなければなりません。

生協の過去の事業展開を財務の視点で振り返ってみても、例えば、急速出店や大型店投資の失敗で資金繰りに行き詰まったり、逆に設備投資の少ない宅配事業が高収益であっても有効な投資ができなかったり、バブル期に購入した土地などが評価額を大きく低下させ不良資産化したりという、事業経営上の問題の数々が決算関係書類から読み取れました。

しかし、この決算関係書類を読み解くことは容易ではなく、有識者の理事や監事の起用、外部の専門家の協力が欠かせませんし、組合員理事などでこの分野の知識に乏しい人が善管注意義務を果たすためにも、それぞれの知見を高める取り組みが必要となります。

ここ数年においても、新会計基準の導入や会計基準の改正が続き、生協においても固定資産の会計処理に関わる「資産除去債務に関する会計基準」の導入や、職員の退職金支払いに関わる「退職給付に関する会計基準」の改正への対応が求められてきました。これらの状況も踏まえながら、社会的な要請に耐えうる正確な決算報告を行うとともに、財務体質の強化を図り、生協の事業を軌道に乗せていくことが必要です。

第5章

世界の協同組合・生協

1. ロッチデールの町から

協同組合の歴史は、19世紀のイギリスにさかのぼります。イギリスでは世界に先駆けて産業革命が起こり、機械制工業が成立して生産が飛躍的に増大しました。その過程で、生産手段を持つ資本家と、雇用されて賃金を得る労働者という、二つの階級からなる資本主義の生産様式が確立していきます。この時代に工場で働く労働者は、非常に低い賃金で長時間労働を強いられ、常に失業の不安にさらされていました。都市では生まれた子どものほぼ半数が5歳前に死亡、薄暗く不健康な住宅に住み、混ぜ物の入った劣悪な、また量目をごまかした商品を高い価格で売りつけられるといった惨めな生活をしていました。

こうした状況に、急激な資本主義の発達が生み出す弊害を強く感じたロバアト・オウエンなどの社会思想家が、利潤の思想に代わる協同の理念を提唱し、19世紀前半に多くの協同組合がイギリスで生まれました。しかし、その多くは長くは続きませんでした。

ロッチデール公正開拓者記念館

ロバアト・オウエン（1771～1858）はイギリスの社会思想家で、社会主義運動家、協同組合運動の創始者です。紡績業者として成功し、「環境が人を作る」という信念の下に、スコットランドのニュー・ラナーク工場で、10歳以下の児童の就労を禁止するなど、労働環境の改善を行いました。またイギリスの工場法制定や労働組合連合の結成にも尽力しました。ニュー・ラナークは現在、世界遺産に登録されています。

1844年、イギリスの工業都市マンチェスターの北東にある小さな町ロッチデールで、フランネル工場の織物工など28人の手によって「ロッチデール公正開拓者組合」*1が設立されました。組合の名前は、世の中に公正を切り拓いていくという大きな理想を持って名付けられました。設立者の中には、オウエンの思想的影響を受けた人や、普通選挙権の実現を目指すチャーティスト運動*2に参加した人なども含まれていました。

彼らは1年がかりで1人1ポンド（当時の労働者の3週間分の賃金に相当する額）を積み立て、それを元手としてわずかばかりの商品を仕入れました。店舗にするために借りた建物の家賃3カ月分と改装費用を支払うと、商品の仕入れに充てる資金はわずかしか残らず、小麦粉、バター、砂糖、オートミールの4品しか並べられませんでした。

そして1844年12月21日、ロッチデールのトードレーンの古ぼけたレンガ建て倉庫の1階に、彼らの店が開店しました。これが近代的な協同組合の始まりと考えられています。

彼らが掲げた「混ぜ物のない正しい食品」、「正しい目方」、「掛け値なしの値段」、「現金買い」、「剰余金の分配」、「教育の重視」などのモットーは「ロッチデール原則」と呼ばれ、その精神は今日の「協同組合原則」に受け継がれています。

＊1　「ロッチデール公正開拓者組合」　「ロッチデール公正先駆者組合」という訳語もある。

＊2　チャーティスト運動　イギリスで起こった選挙法改正や社会変革を目指した運動。チャーティスト運動またはチャーティズム（Chartism）の名は、この運動の指導者たちが起草した「人民憲章（People's Charter）」に由来する。

ロッチデールとニュー・ラナークの所在図

2. 世界への広がり

イギリスでは、ロッチデール公正開拓者組合の成功に影響され、多くの協同組合が設立されるようになり、1860年から1867年の間には830もの組合が誕生しました。さらに生活協同組合が互いに協同し、イングランドでもスコットランドでも広範な生協卸売連合会がつくられ、これらの卸売連合会は19世紀末には、イギリス最大の最も革新的な組織となりました。

フランスでは、サン＝シモン伯爵クロード・アンリ・ドゥ・ルヴロワ（1760‐1825）やフランソワ・マリー・シャルル・フーリエ（1772‐1837）など社会主義者の思想を受け継いだ労働者によって、1840年代に最初の労働者生産協同組合がつくられ、その後発展していきます。この運動はたちまち先進工業国に伝わり、労働組合や労働者の政治運動によって担われるようになり、1900年までには労働者生産協同組合は欧米諸国などで広く知られるようになります。

ドイツでは、1840年代から1860年代にかけて、さまざまなグループが協同組合銀行を始めました。このような協同組合の初期の成功例は、都市の職人と小規模商人で組織された組合（ヘルマン・シュルツェ＝デーリチュ〔1808－1883〕による都市信用組合）と、農村で農民によってつくられた組合（フリードリッヒ・ウィルヘルム・ライファイゼン〔1818－1888〕による農村信用組合）で、その後両者は合流していきます。この協同組合銀行の運動は、ドイツからイタリア、フランスに広がり、1900年までには、アフリカ、アジア、アメリカでも受け入れられていきました。

また、1880年代には、デンマーク、ドイツ、イギリスで、農民による農業協同組合が組織され始め、農産物の高品質化や、農業用資材の安定供給と農民の生活向上に役立つ組織として、その後多くの国に広がっていきます。また、この方式が漁業や林業を含めた他の第1次産業の生産者によって、採用されるようになります。

こうして、1890年代から1900年代にかけて、ヨーロッパの国々では協同組合運動の基礎が固められ、協同組合はそれぞれの国で、国民生活の中に大きな役割と位置を占めるまでに発展していきます。

さらにその後は、当時のソビエト連邦などの社会主義国や、アメリカ、アジア、アフリカ、オセアニアにも協同組合運動は広がり発展し、政治体制や国の成り立ちなどは違っていても、20世紀には、協同組合は世界中で定着していったのです。

3．国際協同組合同盟（ＩＣＡ）の結成

協同組合の国際的交流は、１８６９年にロンドンで開かれた、第1回イギリス協同組合大会が最初でした。この大会に、フランス、ドイツ、スウェーデン、スイス、イタリア、デンマークの協同組合の代表者が招かれ、その後毎年各国から代表が派遣されるようになりました。このような経過があって、１８８４年第16回イギリス協同組合大会で、国際協同組合同盟（ＩＣＡ）の設立準備を進めることが決議されました。

記念すべきＩＣＡの創立総会は、１８９５年にロンドンで開催され、イギリスをはじめ15カ国の協同組合が参加しました。日本からは戦前、産業組合中央会が加盟（１９２３年）していましたが、１９４０年に脱退しています。その後、１９５２年に日本生協連がＩＣＡに加盟しました。

今日までICAは解散や分裂をすることなく発展を続け、民間の国際機関としては赤十字国際委員会に次ぐ長い歴史を持っています。2度の世界大戦を乗り越え、ICAが約120年にわたって活動を継続できたのは、一つには人類の協同を説き、それを実践する協同組合の組織であったことによります。そしてもう一つは、ICA自体は事業活動を行わなかったということです。事業活動にはリスクが伴い、その結果は組織の存立に大きな影響を与えかねないからです。

ICAの最高意思決定機関は2年に1度開催される総会です。総会では会長と4人の副会長を含む20人の理事を選出するほか、活動方針を決定し、生協や農協などの専門領域で分類された8つのセクター別委員会と、男女共同参画や青年活動などのテーマで分類された4つのテーマ委員会を中心に実施された活動の承認を行います。

また、ICAにはアジア・太平洋、ヨーロッパ、アフリカ、アメリカの4つの地域事務局があり、各地域内でさまざまな活動を行っています。

4．国際協同組合年（ＩＹＣ）とブループリント

国連も協同組合に期待

国連は以前より、経済社会理事会を中心にＩＣＡと連携を図り、国連・国際協同組合デーの開催、国連総会における隔年の協同組合振興決議、協同組合振興のための国連ガイドラインの策定など、協同組合の振興に努めてきました。国連専門機関の国際労働機関（ＩＬＯ）や国際連合食糧農業機関（ＦＡＯ）は、とりわけ協同組合と深い関係があります。

国連が協同組合を重視するのは、協同組合がそのさまざまな形態で、女性、若者、高齢者、障がい者および先住民を含む、あらゆる人びとの経済社会開発への最大限の参加を促し、経済社会開発の主な要素となっている貧困の根絶、完全かつ生産的な雇用の創出、社会的統合の強化に貢献する組織であると認識しているからです。さらに、持続可能な開発、都市と農村地域におけるさまざまな経済部門の生計に貢献することのできる企業体・社会的事業体であると見なしているからです。

こうしたことから国連は、①協同組合の社会的認知度（ビジビリティ）の向上、すなわち協同組合の貢献・協同組合の世界的ネットワーク・コミュニティ構築や平和への取り組みなどを知らせる、②協同組合の設立や発展の促進、③協同組合の設立や発展につながる政策を定めるよう政府や関係機関に働き掛ける、の３点を目的に２００９年12月の総会で、２０１２年を「国際協同組合年（ＩＹＣ）」とすることを宣言しました。

スローガンとロゴ

ＩＹＣでは、「協同組合がよりよい社会を築きます」というスローガンが定められました。ロゴ（次頁の図）に描かれている７人の人物のシルエットは、協同組合モデルの中心である人びとと協同組合の７つの原則（Ｐ・20参照）を象徴しています。立方体は、協同組合の事業が目指すさまざまなゴール・志・成果を意味しています。

２０１２年、日本国内では都道府県単位のＩＹＣ実行委員会などを中心に、各地で協同組合間協同による学習会やイベントが開催されました。協同組合の全国組織が参加したＩＹＣ記念全国協議会では、大学生が協同組合について学ぶ機会を持てるよう、大学での寄付講座や協力

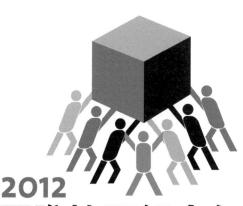

2012
国際協同組合年

講座も実施しています。

協同組合の10年に向けたブループリント

２０１２年のＩＹＣの成果を踏まえ、同年10月、ＩＣＡ臨時総会（マンチェスター総会）で「協同組合の10年に向けたブループリント」が公表されました。「ブループリント」では、ＩＹＣを契機に、２０２０年までの10年を協同組合の飛躍的成長の時代とすること、２０２０年までに世界の協同組合が「経済、社会、環境の持続可能性におけるリーダー」、「人々に最も好まれるモデル」、「最も急速に成長する事業形態」となることが目標として掲げられています。

5．各国の生協

世界各国の生協の現状について見る際に、注目すべきはヨーロッパの生協の相次ぐ経営困難と事業後退からの再生を進める取り組みです。

１９７０年代のオランダの全国連コープ・ネーデルランドの崩壊とベルギー生協の衰退に始まり、１９８０年代のフランスにおける生協事業連合会と主要広域生協の連鎖倒産、ドイツにおけるコープＡＧの倒産とドイツ生協連合会の崩壊、イギリスでの事業シェアの長期低落など、生協にとって困難な状況が連続的に進行しました。経済のグローバル化が進んだ１９９０年代には効率や利潤を重視する視点から、協同組合の存在そのものが非生産的で古臭いと見なされる社会状況になっていました。このような苦しい時期を経て、ヨーロッパの生協は試行錯誤しつつも果敢に挑戦を続けています。北欧の生協は小売に特化し国境を越えた連帯を進め、イギリスではシェア奪回の戦略を取り、スイスやイタリアの生協は常に高い成長性を維持して国内小売トップの位置を保持しています。

この変革を推し進めてきたヨーロッパの経験から、私たちが学べることとは、主に次の3点です。

①直面する状況に強い危機感を持ちそれを共有すること
②危機を乗り越えるための事業戦略を明確にすること
③生協の理念を再確認し、理念を日常事業の中で具体化し実践すること

それでは各国の生協の概況を紹介します。

欧米の生協

◎イギリス

イギリスでは1950年代半ばまで1000を超える生協が活動し、1960年頃までは、小売市場の30％を超えるシェアを誇る存在でした。しかし1960年代以降、小売企業の急速な成長の中、生協はシェアを低下させます。

こうした厳しい状況下、イギリスの生協は思い切った改革を行います。2000年には当時国内1位と2位の生協（CWS〔生協卸売連合会〕とCRS〔小売生協連合会〕）の事業統合

により「コーペラティブ・グループ」が発足します。コーペラティブ・グループは2007年には、当時イギリス2位のユナイテッド生協と合併し、事業規模約90億ポンド（約1兆4500億円）の世界最大の生協となりました。その後、コーペラティブ・グループは2009年には国内中堅チェーンストアを買収し、事業高も130億ポンド（約2兆900億円）を超え、一時はシェアが8％を超えるまでに事業規模を拡大しました。

イギリスの生協では、コーペラティブ・グループが組合員数360万人、事業高94億ポンド（約1兆5100億円。2014年末現在）と突出して大きく、同国の生協事業高の8割を占めます。

しかし、2013年、コーペラティブ・グループの金融部門のコープ銀行は、2009年に合併した住宅貸付組合の不良資産に起因する経営危機に陥り、株式の7割をヘッジファンドなどに売却し、コーペラティブ・グループは経営権を失いました。また、コーペラティブ・グループは資本調達のために薬局部門や農場を売却するなど、経営に大きな影響を与えました。

現在は経営陣を刷新し、食品小売、イギリス最大の葬祭事業、損害保険を事業の柱に再建を進めています。

この他にも伝統ある中小生協の合併により、２００５年にはミッドカウンティーズ生協、２０１３年にはセントラルイングランド生協のような組合員数１５０万人から数十万人規模の中堅生協が生まれています。２０１５年現在、大小約１６０の生協が食品小売や葬祭、旅行事業などを行い、事業高合計は２６１億ポンド（約４兆２０００億円）となっています。保育園のチェーン展開や電力小売などの特色ある事業を行う生協もあります。

イギリスでは、２００２年までに、コーペラティブ・グループを中心に国内約20の生協が生協全国仕入機構（ＣＲＴＧ）を通じた商品共同仕入に結集、コーペラティブ・グループと全国の生協が共通のブランド（The co-operative）を採用し、食品小売、薬局、葬祭、旅行、保険などの分野で生協の存在感を高める戦略を採ってきました。しかし、コーペラティブ・グループの経営危機を経て、イギリスの生協で商品共同仕入れ組織の再編を図り、コーペラティブ・グループと他の生協の共同出資により２０１４年、新しい共同事業組織ＦＲＴＳを設立しました。ＦＲＴＳの事業は商品の共同仕入れにとどまらず、ブランディング戦略や各種事業の拡大戦略を具体化し、イギリスの生協全体の強化を目指しています。

イギリスの生協は、倫理性を重視した事業を行うことで知られています。特に、コープの商品づくりに動物福祉の概念をいち早く取り入れ、動物実験をしない化粧品の取り扱い、健康的な環境での家畜の飼育などを行っています。また、生協はフェアトレード*の先駆者であり、1990年代初頭から、イギリスにフェアトレード商品を定着させる上で大きな役割を果たしました。

*フェアトレード　途上国の生産者を対等なパートナーとし、適正な価格で継続的に取引をしてフェア（公平）なトレード（貿易）を目指す取り組み。

◎北欧

北欧の生協は古い歴史を持ち、各国において流通業を代表する事業体として発展してきました。ここでは、フィンランド、スウェーデン、デンマークの3カ国の生協を紹介します。

フィンランドには、かつて複数の生協グループがありましたが、現在は20の単位生協と、事業連合会SOKコーポレーション（以下、SOK）で構成するSグループにまとまっています。Sグループの組合員総数は約220万人、小売事業総額は2014年現在、108億ユーロ

（約1兆3300億円）です。単位生協はフィンランド各地でスーパー（HM＝ハイパーマーケット）、ガソリンスタンド、デパート・専門店、旅行・ホテル、自動車販売、その他の多彩な事業を行っています。SOKは事業連合会として、商品開発、物流、ITサービス、銀行事業、メンバーカード事業などを行うと同時に、近隣のバルト3国やロシアのサンクトペテルブルクで直営店舗を展開しています。Sグループの小売事業のシェアは約46％（2014年）と非常に高く、フィンランド最大の流通グループです。

スウェーデンの生協は、HM（ハイパーマーケット）*1、大型SM（スーパーマーケット）*2、SM、コンビニエンスストア、ホームセンターなどを展開しています。スウェーデン全国の38生協がKF（スウェーデン生協連）に加盟しています。生協の店舗経営は、スウェーデン生協連の店舗事業子会社コープ・スウェーデン直営260店舗、会員生協の運営店舗が40となっています（2014年）。生協のブランド、店舗フォーマット、物流は全国共通であり、KFブランド商品の開発および商品調達も、原則としてKFグループが全て行います。

スウェーデンの生協は、消費者利益を守り、国内小売業界のリーダーとしても成功している世界の生協の一つのモデルとされてきました。1970年代以降は市場の変化や競争の激化などから厳しい経営環境に置かれていますが、市場占有率は約20%と、スウェーデンの小売業界では第2位の地位を保っています。2014年以降は大規模な組織構造改革や店舗フォーマットの整理、インターネット事業などの新規分野の拡大などにより、長期停滞からの脱却が進んでいます。

デンマーク生協連は2013年1月に、その店舗運営子会社COOPと組織統合し、現在はCOOP（コープ・デンマーク）が事業主体として生協の小売事業を担っています。

コープ・デンマークは生協店舗のSuper Brugsen（SM）、Kvickly（大型SM）、Dagli's Brugsen（小型店）と子会社のIrma（高級SM）、Fakta（DS）を展開し、コープ・デンマークに加入する組合員は約150万人、2014年の事業高は約447億デンマーククローネ（約7400億円）、シェア約40%を誇るデンマーク最大の流通業者です。

＊1　HM（ハイパーマーケット）　衣食住すべてを扱う総合スーパーの形態の一つ。

＊2　大型SM　売場面積が500～800坪（約1700～2600㎡）の大型のSM（スーパーマーケット）。SSM（スーパースーパーマーケット）ともいう。

◎イタリア

イタリアでは、１８５４年から生協が活動を始め、現在は地域に根差した消費者組織として大きく発展しています。２０１４年のイタリア生協連の会員生協数は１０５、組合員数８４２万人（前年比１０３・１％）、事業高１２４億２１００万ユーロ（約1兆５５００億円）、店舗数１１８９、職員数5万２８５８人で、イタリア流通業界では2位のコナド（小売協同組合事業連合）を引き離して、トップの座にあります。

イタリアの生協は１９６０年代に小型店からＳＭへの業態改革、小規模生協の合併、ＣＯＯＰマークの全国統一、コープイタリア（全国事業連合会）によるコープ商品開発およびＮＢ共同仕入など、事業の構造改革を進め、現在は7大生協が拠点生協として活動しています。

外資大手流通業の進出に伴い、１９８０年代にはＨＭの開発を進め、ＳＭに次ぐ核の業態として事業高を伸ばしてきました。しかしながら、２００8年の経済危機により国内の消費縮小が進み、非食品ディスカウンターの伸長もあり、中北部を中心に再びＨＭから近隣型ＳＭなどに転換する戦略に変わりつつあります。

コープイタリアが開発しているコープ商品は２０１4年現在、４０００アイテム、供給高28

億ユーロ（約３５００億円）です。全国の生協の事業高に占めるコープ商品のシェアは、国内小売業社のＰＢ商品のシェア（平均値）よりも高く、コープ商品がイタリアの消費者に支持されていることがうかがえます。

組合員活動も活発で、各生協の地域委員会が軸となって生協経営への参画や社会的な活動を進めています。組合員は、年次総代会に意見を寄せるほか、地域で実施される自主的なレクリエーション、文化、学習活動などにも参加します。

イタリアの生協の社会的活動は、取引先や他団体と協同して進めているのが特徴です。環境活動では、環境にやさしい商品の普及、温暖化ガス削減に貢献した取引先の表彰などを行っています。また、開発途上国の生産者支援ではフェアトレード商品の普及を進め、生活弱者への支援では、ＮＧＯや社会的協同組合（社会的サービスを提供することを目的とした協同組合）などと協同し、高齢者や障がい者の買い物支援や店舗で販売できない商品（へこんだ缶など）のフードバンク、生活困窮者への提供などを行っています。ほぼ30年の歴史を持つ子どもたちへの消費者教育は、学校の先生や社会的協同組合と協同して行われ、２０１４年は26万４００0人の子どもたちが授業を受けました。

◎スペイン

スペインでは1930年代から70年代にかけて、フランコ将軍の独裁体制の下、市民の自主的活動は困難な状況でした。生協事業活動が活発になったのはフランコ政権終焉《しゅうえん》後、新憲法が制定された1978年の後でした。

スペイン最大の協同組合、モンドラゴン協同組合グループはフランコ政権下で自主性を主張していたバスク州のモンドラゴンで1956年、ホセ・マリア・アリスメンディアリエタ神父（1915-1976）と5人の若者により、〝白物家電〟製品の生産協同組合として設立されました。その後サンホセ生協（1956年）、労働金庫（1959年）、保険組合（1966年）、小売生協エロスキ（1969年）とグループ内の協同組合が続々と設立されました。

エロスキは2000年代に入り、他チェーンの買収も含め事業拡大を旺盛に進め、100店以上のHM、1000店以上のSMなどでピーク時には、80億ユーロ（約9900億円）の売上を持つスペイン3位の小売業となりました。同生協は、労働者協同組合と消費者生協の混合型という独特の形態で、4万人を超す従業員の約3分の1が従業員組合員として消費者よりも高額の出資金を出し、独自の立場から運営に参加しています。消費者組合員は63万人です。

2013年、エロスキは事業拡大による巨額の借入金と欧州経済危機による売上減による損失の累積で経営危機に陥り、売上は2014年には、62億ユーロ（約7600億円）まで低下しました。現在は、資産売却などで経営再建に取り組んでいます。

第2の生協は、バレンシア州を中心に地中海沿岸6州で事業を行うコンスムで、200万人の組合員を擁し、約650の店舗で2015年は、20億ユーロ（約2500億円）の売上がありました。

◎スイス

スイスには、ミグロとコープ・スイスの2大生協があります。両生協と子会社の事業を合わせた食品小売業におけるシェアは50％を占め、市民生活になくてはならない存在として根付き、かつスイスを代表する事業体にもなっています。

スイス最大の生協ミグロは1925年、実業家ゴットリープ・ドットワイラーが株式会社をつくり、5台の移動販売車でコーヒー、米、砂糖、パスタ、ココナッツ油、石鹸《せっけん》の6品目をチユーリッヒで販売したのが始まりです。翌年には最初の店舗を開きました。

この新しい事業は消費者の人気を博し、事業は急速に拡大しました。しかし、既存の小売・卸売・生産の事業者が新興のミグロへの脅威から対立し、商品供給をボイコットしたため、ミグロは１９２８年から商品の自社生産を始めました。また当時から多くのプライベートブランド商品（ＰＢ）を開発しました。

１９４１年、第２次世界大戦の最中、ドットワイラーはミグロの株式を消費者に分け、ミグロを９つの生協に転換しました。現在は10のミグロの単位生協と連合会によるミグロ・グループとして広範囲な事業を行っています。

ミグロの店舗では9割以上の商品が、自社生産品も含む独自ブランドです。創業者の理念でミグロ店舗では酒とタバコは提供していません。また会員生協の事業高の０・５％、連合会事業高の１％を社会貢献活動に使うことを定款で定めており、その額は年間１００億円以上です。１９７８年に最初の社会的責任報告書を発行し、１９８０年代にいち早く環境問題に取り組むなど、小売業の社会的責任を示す国際的モデルとなっています。

コープ・スイスは19世紀の中頃、スイス各地で設立された生協が源流です。１８９０年に全国連合会が結成され、それが今日のコープ・スイスに発展しました。20世紀前半はコープがスイス最大の小売グループでした。しかし事業の集中、店舗の近代化でミグロに後れを取り、1960年代にトップの座はミグロに代わりました。コープは合併を進め、2001年に14の会員生協と連合会が合併して、単一の生協コープ・スイスとなりました。その後、有機食品の分野では、旺盛なPB開発により売上でミグロを上回り、先行するミグロとの差を縮めています。

2005年にドイツのディスカウントストア、アルディとリドルがスイスに進出し、低価格で売上を伸ばしています。ミグロ、コープ・スイスは共に低価格PBを開発して対抗し、ミグロは国内ディスカウンターを買収して、ディスカウントチェーンとしても国内トップの位置を占めています。両生協とも食品小売をHM、SM、コンビニエンスストア、ネットスーパーなどマルチチャネルで展開するほか、デパート、専門店、旅行代理店、銀行、外食、卸売、ケータリング、商品製造など広範囲な事業を展開しています。両生協を合わせた総事業高は533億スイスフラン（約5兆9300億円、2015年）、組合員数は500万人を超え、スイスのほとんどの家庭がミグロ、コープ・スイスどちらかの組合員です。小売全体の国内シェアはミグロ15%、コープ・スイス14%で合計27%、食品では前述の通り、50%を超えています。

両生協とも利益を出し財務は健全で、潤沢な資金の投資先は国外にも広がっています。

◎北米

北米で生協の中心は、有機農産物などを取り扱うフードコープですが、その他にも、ガソリンスタンド、学用品やアウトドア用品専門の生協、保育、保健医療、ケーブルテレビやインターネット、カーシェアリング、フィットネス、葬儀などのサービス提供を行う多様な生協がアメリカやカナダで活動しています。

アメリカには約６００の小規模なフードコープがあり、地元農家と農産物の購入契約を結んで有機食品だけを取り扱うなど、特徴ある組織が全米各地で活動しています。アメリカのフードコープの組合員数は全体で約２００万人、多くは組合員数が数百人から数千人規模の地域コミュニティに根差して活動する生協です。最大規模のピュゼットコープ（シアトル）では約５万２０００人の組合員、10店舗のＳＭを展開しています。また、シアトルには１９３８年に登山家たちが設立したアウトドア用品専門生協（ＲＥＩ）があり、組合員数は約６００万人、２０１５年の事業高は24億ドル（約２６００億円）、全米35州で１４３の直営店を運営しています。

カナダの代表的な生協は、西部アルバータ州カルガリーのカルガリーコープです。この生協は北米で最大の事業規模を誇り、2014年の組合員数44万人、事業高約12億カナダドル（約1000億円）です。カルガリーコープの店舗では食品だけでなく、家具その他の家庭用品、衣料品などを取り扱い、ガソリンスタンド、薬局なども展開しています。

アジアの生協

◎韓国

韓国の生協運動は、1980年代の高度経済成長期における中産階級の拡大につれて発展してきました。1998年に生協法が成立、米国産牛肉のBSE問題、中国製乳製品へのメラミン混入事件など、食品の安全を脅かす出来事が相次ぐ中、安全な食品を求める消費者の期待が生協の成長を支えました。韓国の生協では「消費者と生産者の共生」を重視し、国産の有機農産物、環境配慮商品を主に取り扱うとともに、輸入品ではフェアトレード商品の取り扱いを積極的に行っています。

韓国の生協では店舗事業とともに、日本の生協に学びながら事業を発展させた背景から、日本と同じく宅配事業も行っています。韓国ではインターネット注文と1週あたり複数回の商品配達が実現している点で、日本の生協の宅配事業よりも進んでいる部分もあります。

また、韓国では2010年3月に生協法が改正され、韓国の生協はそれまで有機農産物、水産、畜産商品とその加工品、環境配慮商品など限られた範囲の商品しか取り扱えませんでしたが、日本の生協とほぼ同様に、あらゆるカテゴリーの商品を販売できるようになりました。

さらに2012年12月には、新たに「協同組合基本法」が施行されました。この法律では、5人で協同組合を設立できることから、この制度を利用して生協の子会社に代わる協同組合を生協組合員や職員が出資して設立するなど、日本では見られない生協の活動や組織形態が生まれています。

◎シンガポール

シンガポールには、国内のSMでナンバーワン（市場シェア50％超）を誇るNTUCフェアプライス生協があります。この生協は、第1次オイルショックの物価高騰時、人びとの生活を守るために、シンガポール全国労働組合会議（ＮＴＵＣ）が１９７３年に設立した生協です。フェアプライス生協は、淡路島《あわじしま》よりも少し広い面積のシンガポールに、２０１４年12月現在、ＳＭ１０１店舗、コンビニエンスストア１６５店舗のほか、高級スーパー17店舗、ＨＭ７店舗や会員制ホールセールクラブ１店舗を運営し、同国の経済的発展と所得水準の上昇に合わせ、消費者の多様なニーズに応じた店舗展開を行っています。

◎ベトナム

ベトナムのサイゴンコープ（サイゴン通商協同組合連合会）は、１９８９年にホーチミン市通商協同組合経営委員会とその関連組織により設立され、社会主義国の協同組合として、物価の安定や物資の安定供給などを行う役割を担ってきました。ベトナムの協同組合法改正に伴い、サイゴンコープの小売事業は生協を事業モデルとし、２０１５年から消費者組合員の募集拡大を進めています。サイゴンコープは、現在、コープマート（ＳＭ）、コープフード（食品専門店）、コープストア（小型食品雑貨店）など約３６０の店舗をホーチミン市を中心に全国で展開し、同国最大の小売事業者に成長しています。

近年ベトナムでは、海外小売業の参入規制が緩和され、日韓や欧米の流通資本が市場参入し流通業の競争が激化しています。サイゴンコープは外国資本に対抗し、出店の加速化やＰＢ商品の拡充を積極的に行い、また、２０１３年にはシンガポールのフェアプライス生協と提携して、ホーチミン市内にＨＭをオープンするなど、意欲的に事業拡大を進めています。

◎スリランカ

スリランカでは貯蓄信用、農業や水産業、診療所など複数の事業をカバーする多目的協同組合の食品小売部門が生協の役割を担っています。スリランカ生協連合会に加盟する多目的協同組合は約３００あります（２０１２年）。スリランカ生協連は政府の支援を受けながら２００７年以降、多目的協同組合の店舗の近代化、活性化を図る「コープシティプロジェクト」を推し進めており、全国の多目的協同組合が２０１３年現在、大小約４１００（うちコープシティ店舗約１７００）の店舗を運営しています。

6. 日本の生協の国際的役割

戦後、日本の生協運動は大きな成長を遂げ、国際的にも高い評価を得てきました。特に日本の生協の班組織を中心とした組合員の活動や運営参加は、世界の協同組合から大きな関心を集め、1988年のICA大会での、「協同組合の基本的価値」についての議論の契機になりました。また、1992年には、アジアで初めてとなる第30回ICA大会が、東京で開催されました。この大会には、世界83カ国から1116人（日本の参加者も含めると1542人）が参加しました。

この間、日本の生協は、アジアの生協との連帯、協力支援の取り組みを重点に、国際活動に力を入れて取り組んできました。1952年にICAに加盟した日本生協連は、現在、生協・女性・調査・共済・保健の各委員会に参加して活動しています。そして、ICAのアジア・太平洋地域の活動では、生協・女性・共済・大学生協・保健医療などの委員会に参加しています。

また、1994年からICAアジア・太平洋地域事務局に日本生協連から職員を継続的に派遺し、アジアの生協運動の発展に寄与しています。

さらに、1987年の日本生協連の総会では、アジアの生協への協力活動を一層強化するために、全国の生協に呼び掛けが行われ、「日本生協連アジア生協協力基金」が創設されました。2015年3月現在、この基金には全国の94生協と日本生協連などからの寄付金で、8億7960万円の基本財産が形成されています。そして、その運用益を活用して、アジアからの研修生や視察団の受け入れ、マネジャー研修などの研修プログラムの実施、専門的な講師の派遣、組合員や職員などの交流団や研修団の派遣など、多彩な取り組みが行われています。

また、各地の生協による国際交流として、海外生協からの視察団や研修生の受け入れ、海外生協の訪問などの、交流と友好提携が行われています。

2010年からは、ICAに加盟する日本の協同組合の協議会である日本協同組合連絡協議会（JJC）会員団体と連携して、ILOによるアフリカの協同組合リーダーグループの日本の協同組合研修視察の受け入れを行っています。

第6章

日本の生協の歩み

1. 日本の協同組合の前史

第5章で述べたように、協同組合は資本主義経済の成立に合わせてヨーロッパで始まり、一定の定義付けをされた歴史のある組織です。現代の協同組合の先駆けとなった1844年のイギリスの「ロッチデール公正開拓者組合」の設立前にも、協同組合の萌芽ともいうべき取り組みは世界中に存在し、日本でも江戸時代末期からいろいろな取り組みが行われていました。

その一つは、農政家・思想家として名高い二宮尊徳《にのみやそんとく》*（幼名・金治郎、1787‐1856）が1820年に、高利の借金などで苦しんでいた小田原藩の下級士族の救済のために設けた金融互助組織「五常講《ごじょうこう》」です。儒教の教えである仁・義・礼・智・信の人倫五常の道により積み立て、貸し付け、返済するという一種の信用組合のようなものでした。

もう一つは、農政学者の大原幽学《おおはらゆうがく》（1797‐1858）が1838年、下総《しもうさ》国香取《かとり》郡長部《ながべ》村（現在の千葉県旭市）につくった「先祖株組合」で、農業協同組合の先駆けといわれています。この組合は、村民がそれぞれの所有地の一部を出資して共有財産をつくり、そこからの収益で生活に困った村民を救済したり、土地の改良や新たな農地の開拓の資金とするものでした。

＊「尊徳」は、正確には「たかのり」だが、「そんとく」と読まれることが多い。

2．生協の誕生と敗戦後までの生協運動

ロッチデールに学んで

イギリスのロッチデール公正開拓者組合に学び、最初の生協が日本に生まれたのは、1879（明治12）年のことです。東京に共立商社《きょうりつしょうしゃ》と同益社《どうえきしゃ》が、大阪に大阪共立商店《きょうりつしょうてん》が設立され、翌年、神戸商議社共立商店《しょうぎしゃきょうりつしょうてん》が誕生しました。当時のオピニオンリーダーたちが発起人となり、運営はロッチデール方式を取り入れましたが、出資金が高額なために組合員は富裕層に限られました。取り扱い商品を米やしょうゆ、薪炭《しんたん》などの生活必需品に絞り、協同組合の思想を普及する役割を果たしましたが、これらの組合は社会的基盤も弱く、数年後の経済不況の中で解散しています。

日清戦争（1894-1895）以降、産業の近代化が急速に進み、資本主義経済の浸透による社会的矛盾が現れるようになりました。労働問題と労働運動が起こる中で、1898（明治31）年、労働者を主体とした共働店（=生協）が各地に設立されました。当時の労働運動に先駆け的な役割を果たした鉄工組合を基礎とするもので、日本の生協の歴史にとっても重要な意味を持つものでした。また、大学においては1898（明治31）年、同志社大学購買組合が最古とされ、1903（明治36）年には、慶應義塾寄宿舎消費組合が設立されています。

政府も高利貸しによる収奪から農民を守り、農業を振興する政策を講じるため、ドイツの協同組合のあり方を参考に、1900（明治33）年に「産業組合法」を制定しました。この法律は、主として現在の農協づくりに主眼がありましたが、これにより信用、販売、購買、利用の協同組合が法制化され、生協も「市街地購買組合」として、初めて位置付けられました。

新興消費組合の誕生

第1次世界大戦（1914-1918）による好況とその後の物価高騰、労働運動や社会運動の高揚に見られる社会情勢（大正デモクラシー）などを背景として、労働者生協、市民型生

賀川豊彦の肖像写真
賀川豊彦(1888(明治21)年～1960(昭和35)年)は、神戸に生まれ、クリスチャンとして若くから貧民救済運動に取り組みました。米国留学から帰国後は、労働運動、農民運動、普選運動など社会改革運動の第一線に立ち、生協運動の分野では、共益社、神戸消費組合、灘購買組合などの戦前の中心的な生協の設立に関わり、戦後は日本生協連を設立して初代会長を務めました。

協が誕生します。それらは当時の社会運動や労働運動のリーダーたちの指導により設立され、企業や官庁、労働組合などの組織から自立した自主的組織として発展したため、「新興消費組合」と呼ばれました。

労働者生協としては、1920(大正9)年に共働社(東京・岡本利吉《おかもとりきち》〔1885-1963〕の指導)、共益社(大阪・賀川豊彦《かがわとよひこ》〔1888-1960〕の指導)などが設立されます。市民型生協としては、1919(大正8)年に家庭購買組合(東京・吉野作造《よしのさくぞう》〔1878-1933〕と藤田逸男《ふじたいつお》〔1886-1956〕の指導)、1921(大正10)年に神戸消費組合、灘《なだ》購買組合(神戸・いずれも賀川豊彦の指導)

などが相次いで設立されました。

運動の広がりと戦時下の困難

第1次世界大戦中は好況に沸いた日本も、戦後は一転して不況となりました。関東大震災の影響もあって金融恐慌が続き、東北地方の大凶作、1931（昭和6）年の満州事変の勃発など、暗い時代に突入しました。

この時代にも労働者生協の設立は続きます。また、1926（大正15）年に東京学生消費組合（安倍磯雄《あべいそお》〔1865‐1949〕、賀川豊彦の指導により設立。早稲田大学、拓殖大学、東京帝国大学、立教大学、明治大学、明治学院による消費組合連合。1940年に政府の解散命令により解散）、1927（昭和2）年に賀川豊彦などの指導で東京に江東消費組合、1929（昭和4）年に京都家庭消費組合、1932（昭和7）年に福島消費組合などが設立されました。1931（昭和6）年設立の東京医療利用組合（賀川豊彦の指導。組合長・新渡戸稲造《にとべいなぞう》〔1862‐1933〕）など、医療事業を行う組合もつくられました。

当時としては近代的な「組合ストア」を展開していた家庭購買組合は、戦時体制強化の下で都内（当時は東京府）の生協との合併を進め、１９４１（昭和16）年には組合員２万人を超す最大の市民型生協となります。同年、生協は全体で２０３組合、組合員39万人、供給高７０８０万円、出資金５８０万円の規模にまで成長していました。

しかし、日中戦争から太平洋戦争（１９３７‐１９４５）へと戦争が拡大し、戦時体制が強化される中で、労働者生協や学生消費組合は左翼勢力の影響下にあると見なされて、次々と解散させられていきます。軍需優先の経済統制が強められて主要物資が次々と配給制になり、市民型生協も商品調達が困難となりました。生協の主要取扱品だった米が、政府の直轄管理になると配給権を失い、多くの生協は事業を継続できなくなりました。役職員の徴用や徴兵も重なって、ほとんどの組合が、解散、休業状態に追い込まれます。生協の施設も空襲などにより壊滅的な打撃を受けました。

戦争による荒廃を乗り越えて

１９４５（昭和20）年の敗戦後、賀川豊彦らによって早くも日本協同組合同盟が設立され、日本の協同組合は再建に向かいます。しかし、深刻な食糧難や異常な物価高騰が続き、１９４

6年の食糧メーデーには30万人が集まるなど、国民生活は困難を極めていました。戦時総動員体制の末端組織であり配給機能も担っていた隣組《となりぐみ》や町内会組織などが禁止されたため、食糧調達のために町内会や職場に「買い出し組合」と呼ばれる生協づくりが広がりました。灘《なだ》購買組合や神戸消費組合など戦前からの歴史を持つ生協も、この時期に組合員が大幅に増加します。1947年には、全国で組合数6503、組合員数297万人となっています。

しかし、町内会や職場で急増した生協の多くは、食糧統制の解除やドッジ・ラインと呼ばれるデフレ政策の影響もあり、協同組合としての自主的な活動や経営基盤が確立できないまま、その後ほとんどが消滅していきました。

消費生活協同組合法の成立

日本協同組合同盟が目指した、全ての協同組合を網羅する基本法の制定は実現せず、農協や生協などを規定する法律が、管轄の異なる省庁の下で別々のものとして制定されていきました。1948年に、生協の目的や役割を規定した根拠法として「消費生活協同組合法（生協法）」が制定されました。この法律に基づいて、1951年には、日本協同組合同盟を引き継ぐ生協の全国組織として、日本生活協同組合連合会（当時の略称は「日協連」。初代会長は賀川豊彦）が設立されました。

この時期には、炭鉱労働者による炭鉱生協づくりや、地域の労働者を中心とした地域勤労者生協づくりが全国各地で盛んに進められました。これらの生協には労働組合中心の発想があり、組合員一人ひとりの参加を基本に、自治と自立を重んじる協同組合の原則に則った運営がされず、専門的な事業経営能力を持った人材の育成も進みませんでした。そのため、その後の石炭産業の衰退や、小売企業との競争激化の中で、多くの生協が経営の困難に直面していきました。

3．組合員を主人公に

消費者運動としての広がり

１９５０年から3年間の朝鮮戦争特需から不況を脱した日本は高度経済成長の時代に入り、国民の所得とくらしは向上していきます。その一方で、インフレの進行、有害不良商品の販売、公害などが国民の生活に大きな影響を与え始めました。日本生協連は１９５６年、独自の「全国消費者大会」を開催し、その決議に基づいて、同年、「全国消費者団体連絡会」（全国消団連）（P・104参照）が多くの消費者組織や労働団体と共に結成されました。

この時期の具体的な運動としては、「物価値上げ反対運動」、「公共料金値上げ反対運動」、管理価格に反対した「カラーテレビ値下げ運動」、人工甘味料チクロなどの「有害食品追放運動」などがあります。

こうした中で、1968年に「消費者保護基本法」が制定されました。この法律には、具体的な消費者の権利と事業者の責務が明記されていないという不十分さはありましたが、制定をきっかけに、全国で自治体を中心とした消費者行政に力が入れられるようになります。

組合員の参加を柱に

山形県の鶴岡生協（現・生協共立社）は、1956年に店舗のセルフサービス化を図りました。その説明集会を各地で開く中で、「班」を地域につくっていき、これが組合員を主人公にする取り組みとして全国から注目されました。第2章の宅配事業の項（P・52参照）でも触れていますが、この経験に学び、全国の生協で班づくりが広がります。そして、1964年の日本生協連の総会で、「班は生協運動の基礎組織である」という方針が確認されたのです。

１９６０年代の後半には、大学生協の役職員が中心になって全国で地域生協づくりが進められ、市民生協または県民生協と称される生協が次々と誕生しました。高度経済成長による人口の都市集中に伴い、新しい地域社会づくりを目指す住民運動や市民運動が広がり、生協も主婦を中心とした組合員の運営参加を基礎に、着実に発展していきます。その中で、一部の生協で事業の拡大を急ぐあまり、資金不足による経営危機を発生させる事態が起きました。１９７０年の日本生協連福島総会では、組合員の声を基に組合員を中心とした運動を進めていくという原則に立ち返ろう、という総会結語が採択されました。

１９７３年に第1次石油危機が起こり、これを契機に全国で物価高騰とモノ不足のパニックが発生しました。不当な値上げやモノ隠しを行う企業が出てくる中で、生協は生活物資の公平な供給に役割を果たし、社会的な信頼を高めました。石油元売会社による灯油の出荷制限と価格つり上げを告発し、鶴岡生協では組合員１６００人が原告となって灯油裁判を起こしました。仙台高裁秋田支部で逆転勝利判決を獲得し、最高裁では2審判決が破棄されましたが、その後、消費者が原告になって、損害賠償請求ができる法制度改正への道を開きました。また、このとき同時に、川崎生協（現・ユーコープ）の組合員と主婦連合会の会員合わせて98人も、東京高裁に元売各社を相手取って訴訟を起こしています。

１９７０年代の生協で、事業の成長を支えたのは共同購入です。生産者とつながって牛乳、卵などの共同購入が各地で行われました。この共同購入を班づくりの活動と結びつけ、生協は全国の都市で急速に広がっていきました。

また、この時期にコープ商品の開発も進みました。各地の生協で組合員参加による商品の学習・利用・開発・普及の取り組みにより全国的な利用結集が進み、次々と新しいコープ商品が開発され、事業の柱となっていきます。これらが相まって、１９７０年代、日本の生協は飛躍的に発展しました。

１９８０年代に入っても、共同購入事業では、業務システムの改革が次々に進められ、共同購入に対応したコープ商品の開発と、班組織と班活動の発展もあり、日本の生協は本格的な成長期を迎えました。

1970年度～1989年度の日本生協連会員生協の組合員数・総事業高推移

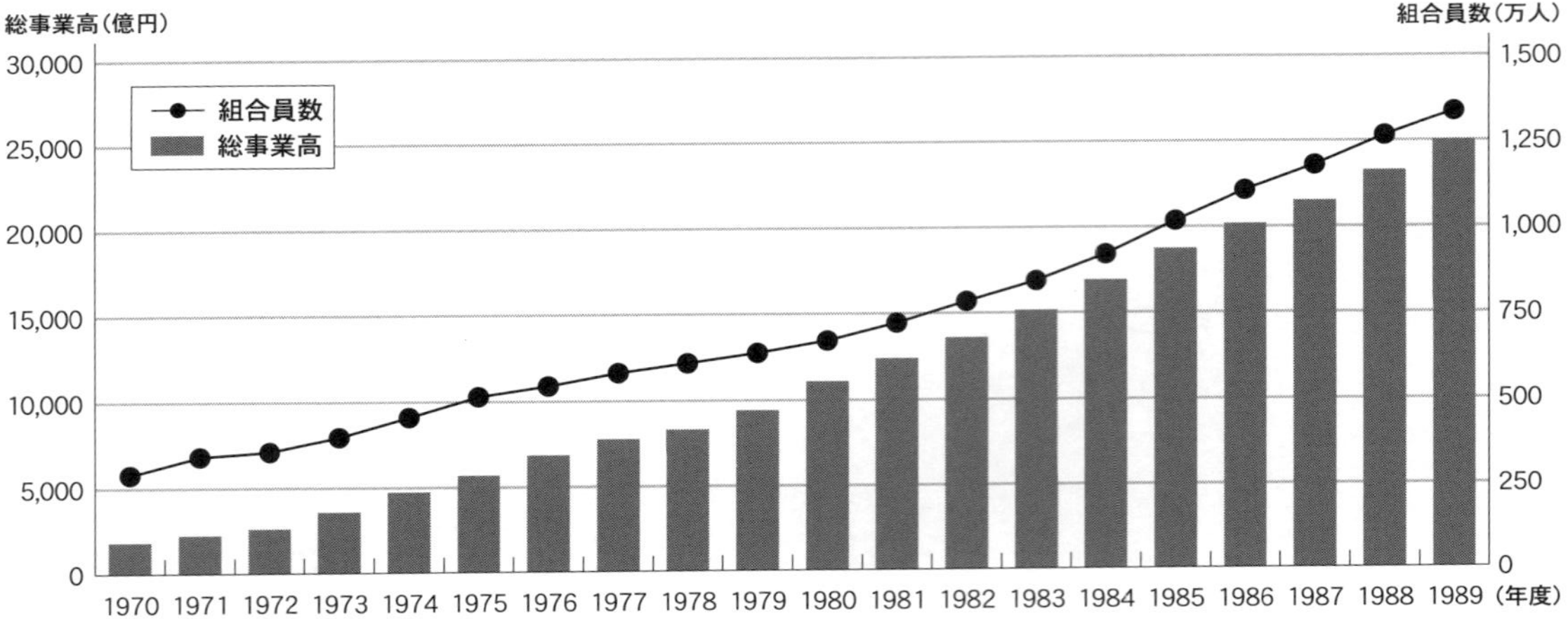

	1970	1971	1972	1973	1974	1975	1976	1977	1978	1979	1980	1981	1982	1983	1984	1985	1986	1987	1988	1989
組合員数(万人)	289	342	356	398	455	514	544	581	608	637	672	723	785	844	921	1,018	1,107	1,180	1,266	1,336
総事業高(億円)	1,829	2,241	2,621	3,592	4,743	5,695	6,860	7,779	8,319	9,411	11,081	12,396	13,590	15,161	16,913	18,731	20,165	21,511	23,268	25,028

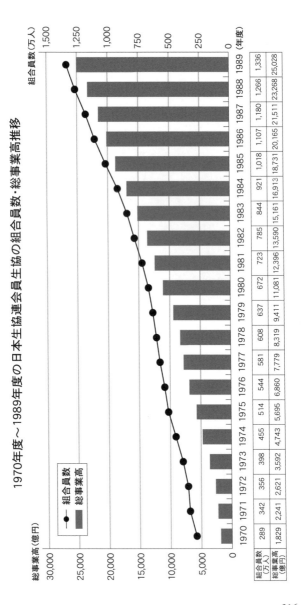

4．生協規制と生協の社会的な存在意義

小売商団体との軋轢《あつれき》

生協の事業や活動が広がっていく中、小売商団体などが中心となって、生協の事業・活動を抑制しようとする動きが表面化してきました。1959年には小売商業調整特別措置法の制定に伴い、生協法の中に、中小小売商の利益を著しく害する恐れがある場合に、員外利用許可を禁止するなどの規定が設けられました。

1980年代の初めに起こった「生協規制」は、それまでにない大きな動きとなりました。不況と競争激化による中小小売商の経営困難の要因を、成長著しかった生協にあるかのように主張した小売商団体と、その主張を受け入れた国会議員が、生協への出店規制や、員外利用は一切認めないなどという要求を掲げました。そして、行政への圧力を強め、規制強化のために生協法の改正を迫る事態になりました。

こうした状況の中で、全国の生協は生協規制に反対する運動を展開しました。この事態を組

合員に知らせながら規制反対の署名運動に取り組むとともに、生協としても「運営基準」を策定し、地元小売業者との話し合いと協調を重視した取り組みを行いました。

１９８６年4月には、全国から組合員約1万４０００人が東京に結集して、「生協規制に反対する全国生協組合員大集会」を開催しました。

生協のあり方に関する懇談会

これらの動きを受けて、１９８６年に厚生省（現・厚生労働省）は、生協の代表を含む有識者による「生協のあり方に関する懇談会」を厚生大臣の諮問機関として設置し、同年末に報告書を発表しました。

この報告書では、生協が消費者の組織として健全な社会的対抗力の役割を持つことが評価され、生協を「大規模小売店舗における小売業の事業活動の調整に関する法律（旧大店法）」などによる、出店規制の対象にすることには否定的な見解を示しました。マスメディアなどの世論もこの報告書を評価し、規制とは反対の論調になりました。

こうした各方面に理解を広げながらの粘り強い取り組みの中で、長期にわたって展開された生協規制の動きは、1989年を境に収束に向かいました。

5．経営と信頼の危機

共同購入の成長鈍化と店舗の拡大

1980年代を通じて成長を続けた共同購入も、1990年代に入るとその伸びが鈍化し始めます。高度経済成長が終わり、組合員のくらしの状況も大きく変化する中で、一人当たり利用高の後退が顕著になります。さらに、班活動の負担感などを理由に、既存の班の組合員数は低下を続けます。「個配」を展開する生協も増えていき、「個配」と「班配」の両方の形態で進められるようになった生協の「宅配事業」は、班配の供給の低下が個配の伸びの中で維持されるようになっていきます。

宅配事業の成長が鈍化したことと、出店規制が緩和されるという変化もあって、1990年代前半には、全国の生協で店舗事業への意欲が高まり、出店が活発化し始めます。それまでの生協の店舗は、一部の生協を除けば小型店が中心で、組合員の普段のくらしを支える品揃えができずにいました。そこでこの時期には一定の売場面積を備えたSM（スーパーマーケット）型の店舗づくりが進みました。また大手生協ではさらに大型店への挑戦が計画されました。

生協の店舗事業に関わる課題を解決し、全国での本格的な店舗展開を軌道に乗せるため、1990年に大手の11生協の参加により「日本生協店舗近代化機構（COMO・Japan：コモ・ジャパン）」が設立されました。コモ・ジャパンでは人材育成、商品開発、資材の共同調達、店舗開発支援などの事業を行いましたが、1995年の阪神・淡路大震災からの復興課題やその他の情勢の変化もあって、2000年に日本生協連へ事業を引き継ぎ、解消されました。

これらの努力にもかかわらず、全国の生協の店舗供給高は1998年度の1兆2786億円（地域生協と居住地職域生協の合計値）をピークに、減少傾向となります。宅配事業とは運営が異なる店舗業態への認識の甘さ、いくつかの生協での大型店の失敗など店舗チェーンの展開体制に不十分さがありました。

経営不振生協の発生

1991年度、全国の生協の事業高は3兆円を突破しましたが、日本社会はバブル経済が崩壊し消費は低迷しました。経済環境の悪化と供給高の停滞の影響が徐々に深刻化し、出店などの大きな投資で回収計画に不十分さがあった生協では、資金繰りが困難になるなどの問題が表面化し始めました。

1994年には、東京の練馬《ねりま》生協と下馬《しもうま》生協が経営破綻に陥り、その後も由利《ゆり》生協（秋田）や津久見《つくみ》生協（大分）などが経営破綻しました。

1995年に、北海道のくしろ市民生協が経営破綻し、1997年には道央《どうおう》市民生協とコープさっぽろの資金問題が発生しました。当時、全国で2番目の事業規模にあったコープさっぽろの経営危機は、組合員に損害を与えるだけでなく、全国の生協や取引先にも大きな影響を与えることが懸念されました。日本生協連は緊急の資金支援、幹部の派遣など、全国の連帯の力による再建を目指しました。その後、北海道の生協は懸命な努力を続け、コープさっぽろを中心に再建されていきました。

1998年の日本生協連通常総会では、「生協経営支援機構・連帯基金」の創設が決定され、日本生協連と全国の生協から100億円を超える資金が拠出されました。この制度はその後10年、全国の経営不振生協の再建支援に大きな役割を果たしました。

その後2008年の日本生協連通常総会で、経営不振生協の新たな発生もなく、北海道の生協の経営再建に向けた支援も終了したとの判断から機構を解散し、拠出金はそれぞれの生協に返すことが決まりました。

信頼の危機とコンプライアンス経営

1990年代は、経営破綻する生協が生まれる以外にも、経営トップの不祥事などが発生し、「経営の危機」と並んで「信頼の危機」にも直面した時期でもありました。

経営トップの公私混同と生協の私物化問題の内部告発がマスメディアに大きく取り上げられたり、いくつかの生協で運営問題や経営問題、役員人事問題などで総代会が紛糾する事態が発生しました。

このような事態を受けて、日本生協連は1999年に、「生協の機関運営ガイドライン」を策定し普及を進めました。このガイドラインは「参画、公正、透明、正直」を基本視点に、社会性と組合員参加による民主性を、生協の運営に確立すべきであるとして、機関運営を中心に諸制度と運営のあり方について指針を示したものです。

また、第4章（P・164参照）でも触れている通り、役職員の行動基準やコンプライアンス、マネジメントシステムの必要性を述べた報告書「生協におけるコンプライアンス経営を促進するために」が2003年に作成されました。さらに、2007年に改正された生協法でも、内部統制に関する規定が強化されました。これらの指針を基に、全国でコンプライアンス経営確立の努力が進められました。

6．事業・経営構造改革の取り組み

全国の地域生協の経営は、1990年代から停滞し始めました。宅配事業の伸びが鈍化し、店舗事業の損益が改善せず、経常剰余率が低下する状況が1990年代半ばから一挙に広がりました。

当時は共済事業の伸びが高く経営に貢献していましたが、購買事業のみでは地域生協の3分の1が赤字と推測される状態が続きました。

日本生協連は1998年度の方針で、生協運動が存続の危機に直面しているとの認識が必要として、「組合員参加の事業の確立」、「生協の運営改革とトップの行動改革」、「損益対策と経営構造改革」を重点課題として提起しました。翌年も重ねて経営構造改革の必要性を提起し、とりわけ人件費率の高さに警鐘を鳴らしました。

１９９０年代前半から経営構造改革を進め、経営の健全性を高めている生協もありましたが、多くの生協はかつての高成長時代の高コスト体質から転換できず、特に店舗経営で苦戦していました。

２０００年代の前半に、本格的に実施された事業・経営構造改革の取り組みは、個配の年率2桁伸長の実現を柱にしながら、コープ商品の全国共同開発の推進、人件費抑制をはじめとしたコスト構造の改善、事業連合による事業連帯と機能統合の促進などを進めるものでした。数年にわたるこれらの取り組みにより、深刻な経営危機は回避されましたが、今後も宅配事業の収益性の向上、店舗事業の損益改善、販売管理費率の引き下げなど、経営体質強化に向けた基本課題に継続的に取り組む必要があります。

7．事業連合の設立と拡大

一般の小売業では区域の制限なく行われている事業活動が、地域生協では2008年まで生協法の県域規制による制約を受けていました。有力な小売業と競争し、組合員のくらしに役立つ事業を進めるためには、一定の事業規模を持つことが必要です。そのために、近隣の生協どうしが連帯するためにつくられてきたのが「事業連合」です。最初に厚生省認可の事業連合としてスタートしたのは、1986年9月に栃木・群馬・茨城の生協によって結成された北関東協同センター（コープネット事業連合の前身）でした。

その後、1990年に厚生省が課長通知「消費生活協同組合事業連合会の設立認可について」を出す中で、事業連合の設立認可の基本的な考え方と基準を示しました。

これを受けて、1990年2月に首都圏コープ事業連合（現・パルシステム連合会）、生活クラブ事業連合が、3月に神奈川・静岡・山梨の生協が参加したユーコープ事業連合が、相次いで法人認可されました。

それ以後、主要な事業連合として、１９９２年にグリーンコープ連合とコープネット事業連合、１９９３年にコープ九州事業連合、１９９４年に東海コープ事業連合、１９９５年にコープ東北サンネット事業連合とコープ北陸事業連合、２００２年にコープ自然派事業連合、２００３年にコープきんき事業連合、２００５年にコープ中国四国事業連合（ＣＳネット）が、それぞれ設立認可され、コープさっぽろへの道内生協の事業統合が進んだ北海道を含め、事業連合を軸とした地域ごとの連帯の構造が全国的に確立していきました。

さらに、２００８年の改正生協法施行による県域規制の緩和を受けて、２０１１年に事業的な提携関係にあったコープこうべと大阪北生協が合併し、２０１３年には、千葉、埼玉、東京の生協が組織合同したコープみらいと、神奈川、静岡、山梨の生協が合併したユーコープが誕生しました。県域を越えた地域生協が誕生している現在、事業連合の将来的なあり方や機能整備の方向性については、それぞれの地域での大きな検討課題となっています。

8．生協の社会的役割が拡大

２０００年代に入って、生協の社会的役割発揮の取り組みが大きく前進しています。とりわけ法制度の整備を含めた新しい社会システムを提案し実現を目指す多様な取り組みに、社会的な関心と期待が寄せられています。詳細は「第３章　生協の社会的役割発揮」に記述していますが、ここであらためて簡単に触れることにします。

「食品の安全」における活動では、食品衛生法の抜本的な改正を求め、全国で１３７３万筆の署名を集めて国会請願を行い、２００３年に食品衛生法の大幅改正と食品安全基本法の成立、食品安全委員会の発足などの食品安全行政の歴史的な転換が実現しました。

また、消費者の組織として国の消費者政策の充実・強化の動きを強く後押しし、２００４年には消費者保護基本法の大幅改正による消費者基本法が成立しました。同法の施行で「消費者の権利の尊重と自立の支援」が法律で位置付けられました。それに合わせ、生協が各地の自治体の審議会などに消費者の委員として参加し、消費者の意見が反映された条例の制定・改正に携わっています。消費者団体訴訟制度の実施に当たり、他の消費者団体や専門家と協力し、受け皿となる適格消費者団体の設立に各地で取り組んでいます。２００９年には消費者行政の一元化と充実を目的として消費者庁と消費者委員会が設置されましたが、これも生協が多くの消費者組織と協力しながら運動をしてきた成果の一つです。

また最近では、生協が自治体などと「見守り協定」を締結し、配達先での異変に気付いた配送担当者が自治体に通報し、組合員と関係者から感謝される事例も生まれています。

その他にも、組合員がそれぞれの地域で進めるさまざまな活動は、人と人のつながりをつくり、触れ合いと助け合いのある地域社会づくりに役立っています。

今後も生協は多くの人が関わることができる、自主的・自発的組織として他団体や行政などとのネットワークを広げながら、地域社会づくりに参加していくことが期待されています。

9．重大な商品事件からコープ商品の品質保証体系を再構築

２０００年代後半、コープ商品への信頼を大きく損なう事件が発生しました。２００７年には「ＣＯ・ＯＰ牛肉コロッケ」の原料加工委託先による牛肉偽装、２００８年には「ＣＯ・ＯＰ手作り餃子」で中国の製造工場での農薬混入の事件が発生しました。特に後者は、利用した

組合員に重篤な中毒被害が発生し、生協は社会からも厳しい批判を受けました。

日本生協連では、事件発生後、直ちに設置した有識者による検証委員会の下で「コープ商品の品質保証体系の再構築計画」を策定し、商品についての組合員からのお申し出への対応強化を進めました。特にコープ商品のお申し出情報は全国で一元管理できるようにし、全国の生協と共同で被害拡大防止を図る仕組みを整備したり、異味異臭成分の特定を日本生協連商品検査センターで実施するなど、危機管理の体制を強めました。さらに、輸入食品や製造工場の管理、商品検査などの強化により、商品開発段階から原料、製造、物流、食卓までのフードチェーン全体で、リスクを管理する仕組みを充実させてきました。

こうした取り組みを進める中で、２０１３年末には製造委託先による「冷凍食品農薬混入事件」が発生しました。あらためて全国の生協と日本生協連の連携強化のために、お申し出対応を全国で標準化する『組合員お申し出対応ガイドライン』を２０１５年度に整備し、また、２０１６年度には受付から回答、分析をする全国共通の管理システムを本格展開しています。

10．被災者・被災地支援と協同の力

大地震や水害など、大規模な自然災害が発生した際、被災者・被災地を支えるために行政はもとより、多くの市民がボランティアとして活動します。「人と人との助け合い」、「地域社会への貢献」を大切にする生協も、発災直後から人員派遣や食料などの物資提供の支援に入り、その後も被災者に寄り添う活動を行っています。

１９２３（大正12）年に発生した関東大震災の際に、賀川豊彦は神戸から東京に活動拠点を移して、被災者救援や被災地の復興に努めました。「いざという時に助け合う」相互扶助の精神は、生協の長い歴史の中で、確実に引き継がれています。

阪神・淡路大震災発生後の生協の活動

１９９５年1月17日5時46分、マグニチュード７・３、震度7を記録する阪神・淡路大震災が発生し、死者・行方不明者が６４００人を超える大きな被害となりました。

全国最大の生協であったコープこうべで本部ビルが倒壊したのをはじめ、被災地の生協は大きな被害を受けました。震災による混乱と、発災直後の通信途絶や道路寸断の中で、被災地の生協は被災者への生活必需品の供給、救急医療活動などに総力を挙げて取り組みました。

大阪府など隣接する府県の生協は直ちに物資搬入などの支援を開始し、日本生協連も地震発生当日に対策本部を設置して、全国の生協に被災地への食料品や飲料水などの物資の搬送、医師・看護師の派遣、復旧活動ボランティアの派遣、被災者支援募金などを呼び掛けました。

全国の85生協が、延べ１０００台のトラックによる緊急物資の搬送と、延べ９２５８人の生協役職員・組合員ボランティアの派遣を行うなど、被災者・被災地支援に全力で取り組みました。

被災地と全国の生協が一体となって進めた支援活動は、被災地の人びとから「神戸に生協があって良かった」と感謝され、マスメディアでも「被災地に生協あり」とその取り組みが大きく評価されました。

コープこうべでは、石油危機の際のモノ不足によるパニックや物価高騰の反省から、１９８0年（当時は灘《なだ》神戸生協）に神戸市と「緊急時における生活物資確保に関する協定」を結んでいました。阪神・淡路大震災発生の直後に、その協定が初めて発動され、大きなパニックを防ぐ効果を発揮したことから、その後、全国での協定締結が進みました。

CO・OP共済の訪問活動も被災者から大いに感謝されました。CO・OP共済には、大規模な自然災害が発生した場合に、見舞金を支払う規程（異常災害見舞金規程）があります。100日間で、全国の生協の職員1065人が訪問活動を行った結果、2万5368件・3億955万円の異常災害見舞金をお支払いしました（積立金が不足していたため、減額しての支払い）。この訪問活動の際、CO・OP共済の象徴である折り鶴もお届けしたところ、それに対する「ありがとうの声」が多く寄せられました。

東日本大震災発生後の復興支援活動

2011年3月11日14時46分、東北地方の太平洋沿岸を中心に、東日本をマグニチュード9・0という巨大地震が襲い、その後の広範囲な津波により、死者・行方不明者が2万人に迫る甚大な被害を発生させました。40万戸近い住宅が全壊・半壊し、東京電力福島第一原子力発電所の事故もあり、45万人を超す人びとが避難生活を余儀なくされました。

被災地の生協は地震発生当日に対策本部を設置し、被災者への物資供給に努めました。また、要請に応えて自治体や避難所に支援物質を届け、同時に生協の配送トラックを利用して自治体や避難所への運搬に協力しました。全国の生協もいち早く支援活動を開始し、発災直後1カ月半でトラックで延べ１１９０台、支援者延べ３５８７人が派遣され、約１００万点の物資支援も行われました。

全国の生協の職員は、ＣＯ・ＯＰ共済の加入者訪問活動にも取り組みました。全国64生協から延べ２８００人の職員が参加し、3万軒の加入者を訪問しました。その後も地道な努力を続け、２０１５年度末までに２９４４件、16億４７８５万円の共済金、７万３８５１件、20億２９８万円の異常災害見舞金を支払い、加入者から多くの感謝の声が寄せられました。

また、医療福祉生協が医師や看護師、薬剤師などを被災地に派遣し、医療相談などを行ったり、医薬品や衛生用品の物資を届けたりしました。

その後も被災者・被災地支援は途絶えることなく、5年以上が経過した現在でも形を変えながら進められています。

例えば、「事業を通じた復興支援」があります。買い物をする場がなくなった地域での買い物バスや移動販売車の運行、全国の生協の店舗での被災地応援フェアや、宅配での対象商品の購入額の一部を支援金として寄付するなどの取り組みが行われています。

「被災地の生産者を支え、共に進む支援」も展開されました。ボランティアとして生産者の手伝いをしたり、被災地の特色を生かした新たな商品を開発し、全国が買い支えていく活動などです。

また、「被災者の心に寄り添う活動」も行われています。仮設住宅でのサロン活動や被災地の子どもたちを招く保養企画の開催、あるいは広域避難者を避難先の地域にある生協が支援する活動など、多彩な内容で継続しています。

東京電力福島第一原子力発電所事故で、深刻で広範囲に及ぶ被害を受けた福島への支援活動は、発災後の支援活動の大きな柱の一つです。福島県産品を買って支える活動、放射線に関する継続的な学習会などが開催されています。

こうした数多くの支援活動が展開されてきていますが、被災地はいまだ復興途上にあります。

東日本大震災発生以降も、広島市の土砂災害、鬼怒川《きぬがわ》決壊、そして、熊本・大分を襲った平成28年（2016年）熊本地震といった大災害が発生しています。その都度、生協は被災者支援・被災地復興に向け即座に立ち上がり、支援活動を行っています。人と人とが協同し、その力でより良いくらしを目指す組織である生協。その原点に立ち返り、発災後の緊急支援のみならず、大災害を忘れない、風化させないための取り組みが、これからも求められています。

被災者の生活再建に向けた制度への取り組み

阪神・淡路大震災を契機に、被災者に対する支援制度の必要性が議論されるようになり、1996年7月、兵庫県、神戸市、日本労働組合総連合会（連合）、社会経済生産性本部、全労済グループ、日本生協連の6団体により「自然災害に対する国民的保障制度を求める国民会議」を発足させました。

全国で新しい制度を求める署名活動が取り組まれ、その結果、1997年2月、2483万筆（うち生協関係は1366万筆）に上る署名を政府に提出し、想いを同じくする超党派の議員連盟と協力し、1998年5月、「被災者生活再建支援法」が成立しました。その内容は、都道府県が拠出した基金を活用して、被災者の自立した生活の開始を支援することを目的とし、最高100万円を支給するというもので、当時の政府見解である「私有財産への補償はできない」という考え方を覆すという意味で画期的なことでした。その後、何度も発生する大規模災害を契機に改正が行われ、現在住宅再建を含め最高300万円が支給される制度になっています。しかし、東日本大震災のような広域で大規模な災害、竜巻や豪雨などの局地的に発生する災害が発生することで、制度上の課題も発生しており、より良い制度に向けた議論が現在も続いています。

第7章

生協運動の展望

1．生協の21世紀理念

「生協の21世紀理念」は、1995年9月に国際協同組合同盟（ICA）の総会で承認された「協同組合のアイデンティティに関するICA声明」（協同組合の「定義」、「価値」、「原則」をまとめた文書〈P・18参照〉）を受けて、日本生協連が21世紀理念研究会、理事会と議論を尽くして全国の生協と組合員に提起し、1997年6月、日本生協連の通常総会において決定されたものです。

この理念は、人類史的な社会の変革期に、何よりも人びとの幸せを大切にして行動するという、生協の変わらぬ心情と未来への展望を凝縮させたものです。

「生協の21世紀理念」
自立した市民の協同の力で
人間らしいくらしの創造と
持続可能な社会の実現を

自立した市民の協同の力とは

自立した市民とは、自分でものを考え、自分で判断し、その結果に責任を持つ市民のことです。しかし、いくら一人ひとりが自立しているといっても、人間は誰も一人で生きていくことはできません。自立しながらも、お互いに助け合う社会が必要です。それこそが、新しい市民社会です。

ここでいう市民社会は、自立した個人が対等な関係で構成する社会です。そこには、自立を保ちつつ、協同する市民が暮らしています。国際的に見れば、国や民族がお互いに認め合い、人と人とが共生している社会です。その市民の協同の力が、私たちの未来を切り開いていくのです。

人間らしいくらしの創造とは

人間らしいくらしとは、物質的な豊かさだけでなく、心の豊かさや健やかさ、そして、ゆとりのあるくらしです。日本でも戦後の食糧不足で荒廃したモノ不足の時代から、高度経済成長を経て、人びとのくらしは物質的には豊かになりました。しかしその一方で、雇用不安や格差の拡大、学校でのいじめの多発、子どもの貧困問題、高齢者の生活不安など多くの社会的な問題が発生しています。

人間らしいくらしの創造のためには、労働や教育の場で、そして家族や地域社会の中で、一人ひとりが大切にされることが必要です。

生協は、高齢者や若者や子どもたちが、安心し希望を持ってのびのびと暮らせる、触れ合いとぬくもりのあるコミュニティの創造を目指します。

持続可能な社会の実現とは

「持続可能な」という表現は、1987年に国連の会議*で使われて以来、地球・社会・生産などの言葉と重ねて使われるようになりました。

持続可能な社会とは、私たちの子どもや孫たちなどの次の世代の経済的・社会的利益を損なわないように、人びとがくらしを営む社会です。

地球規模での環境破壊が進む中で、私たちは、地球の環境を守り、限りある資源を大切にしなければなりません。さらに自然環境だけでなく、社会環境においても、さまざまな問題を克服し、将来に向かって持続可能な環境をつくっていかなければなりません。

国際的に見れば、思想信条や宗教、人種や性の違いを超えて、世界の人びとが平和に共存できる社会をつくっていくことも大きな課題です。

そういう意味で、まさに協同の力こそが、次の世代の人びとに持続可能な社会をしっかりとバトンタッチしていける原動力になるのではないでしょうか。

＊国際連合「環境と開発に関する世界委員会」（ＷＣＥＤ＝World Commission on Environment and Development）の最終報告書〝Our Common Future〟（邦題『地球の未来を守るために』、通称「ブルントラント報告」における中心的な概念）

2．日本の生協の２０２０年ビジョン

日本生協連は、２００９年の総会で、全国の生協の長期ビジョン策定の検討に着手することを宣言し、理事会の専門委員会として「２０２０年ビジョン策定検討委員会」を設置しました。この委員会は、２００９年後半より検討を開始し、翌年の春にビジョンの目標年を２０２０年にすることを決め、２０１０年６月に「生協の２０２０年ビジョン・20の論点～論点整理・資

料集～」」を発表して、学習会やワークショップ、インターネットサイトによる意見募集など多彩な取り組みを通じて、全国の生協に議論を呼び掛けました。

２０２０年ビジョン策定検討委員会では、これらの取り組みを集約しながら最終的に２０１1年6月、日本生協連の総会において、圧倒的多数の賛成で決定しました。

「日本の生協の２０２０年ビジョン」（以下、２０２０年ビジョン）は「10年後（２０２０年）のありたい姿」を以下のように描きました。

私たちは、人と人とがつながり、笑顔があふれ、信頼が広がる新しい社会の実現をめざします

私たちは、協同組合のアイデンティティに関するＩＣＡ声明と生協の21世紀理念「自立した市民の協同の力で　人間らしいくらしの創造と　持続可能な社会の実現を」を生協の事業・活動に貫きます。

私たちは、安心・信頼を育む協同の社会システムとして、協同して助け合い、分かち合う協同組合の価値を広げます。地域の誰もが参加できる生協をめざして生涯を通じて利用できる事業・サービスを創り上げ、２０２０年にはそれぞれの地域で過半数世帯の参加をめざします。平和で持続可能な社会の実現に向けて、積極的な役割を果たします。失われつつある人と人のつながりを新たに紡ぎ、くらしに笑顔があふれ、一人ひとりが人間としての尊厳と個性を大切に、信頼して助け合う消費者市民社会の実現をめざします。

私たちは、地域の行政との連携、協同組合間の提携、消費者団体やＮＰＯ・ＮＧＯなどとのさまざまなネットワークを広げながら、地域社会づくりに積極的に参加します。

３．２０２０年ビジョンの５つのアクションプラン

ビジョン（10年後のありたい姿）を掲げるだけでは、その実現に近付くことはできません。現状とビジョンを対比し、具体的にどう行動したら実現に近付けるかを考え、行動していかなければなりません。２０２０年ビジョンでは、ビジョンの実現に向けた行動課題を、５つのアクションプランとしてまとめました。

〈アクションプラン1〉ふだんのくらしへの役立ち

組合員の願いを実現するために、食を中心にふだんのくらしへの役立ちをより一層高めます。事業革新に不断の努力をつづけ、組合員のくらしに貢献し、信頼を培います。

①それぞれのライフステージに対応した商品事業の革新をはかり、誰もが生涯を通じて利用しつづけられる事業・サービスを構築します。

②さまざまな事業の効果的な連携をはかり、くらしにおける生協利用のウエイトを高めます。事業革新の手段として、ＩＴ技術を活用していきます。

③事業への組合員参加とコミュニケーションを着実に前進させます。食品の安全の課題では、社会をリードする役割を果たします。

④「正直・公開」の姿勢を貫き、組合員から信頼される事業を築きます。消費者のくらしを起点とした効率的な流通経済のしくみづくりに挑戦します。商品事業における社会的責任と役割を果たしていきます。

⑤宅配事業では、ＩＴ技術の活用や配送・注文の仕組みの改革など新たな事業革新に挑戦します。宅配事業においてすべての都道府県で世帯数の20％以上、全国で１０００万世帯の利用を実現します。

⑥店舗事業では、地域のくらしに密着し、店舗の近隣で大多数の世帯が利用できる黒字の店舗事業を確立します。そのために、食品スーパーマーケットとしてのチェーン展開をめざします。

⑦くらしの保障事業では、生命・医療保障分野で、組合員とその家族から一番に選ばれる共済事業をめざします。保険商品の提供も含め、組合員の保障ニーズに総合的に応えます。

⑧福祉事業では、介護保険事業の損益改革を前進させ、居住系サービスを含めた新たな福祉事業に挑戦します。地域の諸団体と連携し、医療福祉生協、生協関連の社会福祉法人との関係を強化します。

〈アクションプラン2〉地域社会づくりへの参加

地域のネットワークを広げながら、地域社会づくりに参加します。

①生協の事業・活動のインフラを活用しながら、地域社会の変化から生まれる新たなニーズに応えた取り組みを展開します。

②地域社会の中で、行政やさまざまな団体と協働しながら、高齢者世代、子育て世代、障がい者世帯、外国人など、地域のニーズに応えた相談活動や支援の取り組みを広げ、安心してくらせる地域社会づくりに参加します。

③社会的課題の学習機会や消費者力の向上の取り組みなどを広げます。自立した消費者市民として、くらしに関わる主体的な力を高める取り組みを地域で進めます。

〈アクションプラン3〉世界と日本社会への貢献

平和で持続可能な社会と安心してくらせる日本社会の実現をめざし、積極的な役割を果たします。

①協同組合の価値への社会的な理解と共感を広げます。国際的な協同組合運動では、発展途上国を中心に貢献します。
②平和な社会の実現に向けて、核兵器の廃絶や戦争体験を次世代に伝える活動などの取り組みを広げます。
③国際協力の活動では、ユニセフを中心としながら、国連のミレニアム開発目標の実現に貢献します。
④2020年に事業における温室効果ガス排出総量の30%削減（2005年比）など、低炭素・自然共生・循環型の社会実現に向けて、環境保全に取り組みます。
⑤世界的な食料事情を見据え、日本の食料の自給力を高めていくために、食料・農業問題に取り組みます。
⑥安心してくらせる日本社会をめざして、国への政策提言を積極的に進め、実現に向けた取り組みを進めます。

〈アクションプラン4〉元気な組織と健全な経営づくり

組合員が元気に参加し、職員が元気に働き、学びあい成長する組織と、健全な経営を確立します。

①多様な組合員の関心や必要性に応える組合員活動と誰もが参加したくなる仕組みをつくり、組合員活動への参加を広げます。活動や組織の中心的な担い手の育成を進めます。

②地域社会で役割発揮ができる組合員組織づくりを進めます。

③生協で働く誰もが協同組合の価値を学び、雇用形態にかかわらず、組合員の願いやニーズに共感し、期待に応えられる組織風土づくりを推進します。

④男女共同参画とワーク・ライフ・バランスの取り組みを進め、女性も男性も元気に働きながら、目標を持って能力発揮ができる職場をめざします。

⑤生協全体で2020年代の担い手育成をはかります。

⑥経常剰余率2%以上を安定的に確保し、ゆるぎない財務体質とともに、健全な事業経営を確立します。

⑦社会に開かれた組織として信頼に応えるべく、より公正で民主的なガバナンスを構築し、コンプライアンス経営を実現しつづけます。

〈アクションプラン5〉さらなる連帯の推進と活動基盤の整備

全国の生協が力を合わせ、組合員のくらしに最も役立つ生協に発展させます。

①リージョナル事業連帯では、さらなる連帯の強化、機能統合を進めます。

②地域に密着した民主的な運営を一層充実させながら、県域を越えた生協づくりにも挑戦します。

③生協や協同組合を取り巻く法制度が、生協の組織や事業活動にふさわしく、より社会的な責任を果たし役割発揮できる法制度となるよう、働きかけます。

④全国で広報活動を連携し、生協のビジビリティ（視認性・認知度）を向上させます。さまざまな事業や活動を通じて、総合的な生協ブランド形成に挑戦します。

⑤全国の生協の力を合わせ、組合員のくらしに最も役立つ共同事業を推進します。

⑥日本生協連は、事業種類毎の生協の全国連合会とともに、中央会機能の強化をはかります。

4．共助と協同の社会を目指して

21世紀に入り、すでに15年以上が経過しています。生協は、1997年に21世紀を見据えて「自立した市民の協同の力で　人間らしいくらしの創造と　持続可能な社会の実現を」を数十年変わらぬ理念として決定しました。

しかし、この間、地球環境問題はむしろ深刻化し、世界で戦火が絶えることはありませんでした。今でも世界で約8億人の人びとが飢餓に苦しんでおり、地震や異常気象による大規模災害も増えています。資源、水・食料、地球環境の有限性もあらためて問題になり、世界が連帯して取り組んでいくことが求められています。2008年の世界的な経済危機は、利益追求型の市場原理主義の歪みや矛盾を露呈しました。日本社会でも格差や貧困が広がり、自立すら難しい人びとが増え、共助、協同なくしてはくらしが成り立たない状況が広がっています。

国連は2015年に期限切れとなった「ミレニアム開発目標（MDGs）」を継承発展させ、「持続可能な開発のための2030アジェンダ」として「持続可能な開発目標（SDGs）」を

２０１５年９月の国連総会で採択。ＩＣＡとして同年11月の総会で、協同組合もＳＤＧｓ達成のための担い手となることを採択しました。

生協は「人と人との助け合い」「地域でのつながり」を大切にし、それらを事業や活動で具体化している組織です。地域の諸団体などと手を携え、あらためて人間らしいくらしの創造と持続可能な社会の実現に向けて、新しい社会の枠組みや経済の構造をつくり上げていかなければなりません。新たな社会づくりには、協同組合の価値・仕組みの有効性を発揮し、社会の中で協同組合が積極的な役割を果たしていくことが期待されています。

変化が激しい時代だからこそ、先を見通したビジョンが必要です。生協は、２０２０年のありたい姿として２０２０年ビジョンを掲げ、組合員のくらしの変化に正面から向き合いながら、生協の目指すもの、果たすべき社会的役割を明らかにして、共助と協同の社会づくりに挑戦していきます。

生協ハンドブック [2016年6月改訂版]

[発行日] 2016年6月17日　初版1刷
2025年3月20日　初版7刷

[検印廃止]

[編　著] 日本生活協同組合連合会

[発行者] 二村睦子

[発行元] 日本生活協同組合連合会
〒150-8913　東京都渋谷区渋谷3-29-8　コーププラザ
TEL. 03-5778-8183

[印　刷] 日経印刷株式会社

Printed in Japan

ISBN978-4-87332-336-7